漢字は日本文化を支える

長い日本文化の発展過程において、漢字はその根幹となってきました。
現代を生きる私たちの漢字・日本語を学ぶことは、次世代へ日本文化を受け継ぎ、発展させていくために欠くことができません。
日本人の歴史とともにあった漢字学習は、楽しい生涯学習のひとつとして、多くの人に取り組まれています。

「漢検」級別 主な出題内容

10級 …対象漢字数 80字
漢字の読み／漢字の書取／筆順・画数

9級 …対象漢字数 240字
漢字の読み／漢字の書取／筆順・画数

8級 …対象漢字数 440字
漢字の読み／漢字の書取／部首・部首名／筆順・画数／送り仮名／対義語／同じ漢字の読み

7級 …対象漢字数 640字
漢字の読み／漢字の書取／部首・部首名／筆順・画数／送り仮名／対義語／同音異字／三字熟語

6級 …対象漢字数 825字
漢字の読み／漢字の書取／部首・部首名／筆順・画数／送り仮名／対義語・類義語／同音・同訓異字／三字熟語／熟語の構成

5級 …対象漢字数 1006字
漢字の読み／漢字の書取／部首・部首名／筆順・画数／送り仮名／対義語・類義語／同音・同訓異字／誤字訂正／四字熟語／熟語の構成

4級 …対象漢字数 1322字
漢字の読み／漢字の書取／部首・部首名／送り仮名／対義語・類義語／同音・同訓異字／誤字訂正／四字熟語／熟語の構成

3級 …対象漢字数 1607字
漢字の読み／漢字の書取／部首・部首名／送り仮名／対義語・類義語／同音・同訓異字／誤字訂正／四字熟語／熟語の構成

準2級 …対象漢字数 1940字
漢字の読み／漢字の書取／部首・部首名／送り仮名／対義語・類義語／同音・同訓異字／誤字訂正／四字熟語／熟語の構成

2級 …対象漢字数 2136字
漢字の読み／漢字の書取／部首・部首名／送り仮名／対義語・類義語／同音・同訓異字／誤字訂正／四字熟語／熟語の構成

準1級 …対象漢字数 約3000字
漢字の読み／漢字の書取／故事・諺／対義語・類義語／同音・同訓異字／誤字訂正／四字熟語

1級 …対象漢字数 約6000字
漢字の読み／漢字の書取／故事・諺／対義語・類義語／同音・同訓異字／誤字訂正／四字熟語

※ここに示したのは出題分野の一例です。毎回すべての分野から出題されるとは限りません。また、このほかの分野から出題されることもあります。

日本漢字能力検定採点基準

最終改定:平成25年4月1日

1 採点の対象
筆画を正しく、明確に書かれた字を採点の対象とし、くずした字や、乱雑に書かれた字は採点の対象外とする。

2 字種・字体
① 2〜10級の解答は、内閣告示「常用漢字表」(平成二十二年)による。ただし、旧字体での解答は正答とは認めない。
② 1級および準1級の解答は、『漢検要覧 1/準1級対応』(公益財団法人日本漢字能力検定協会発行)に示す「標準字体」「許容字体」「旧字体一覧表」による。

3 読み
① 2〜10級の解答は、内閣告示「常用漢字表」(平成二十二年)による。
② 1級および準1級の解答には、①の規定は適用しない。

4 仮名遣い
仮名遣いは、内閣告示「現代仮名遣い」による。

5 送り仮名
送り仮名は、内閣告示「送り仮名の付け方」による。

6 部首
部首は、『漢検要覧 2〜10級対応』(公益財団法人日本漢字能力検定協会発行)収録の「部首一覧表と部首別の常用漢字」による。

7 筆順
筆順の原則は、文部省編『筆順指導の手びき』(昭和三十三年)による。常用漢字一字一字の筆順は、『漢検要覧 2〜10級対応』収録の「常用漢字の筆順一覧」による。

8 合格基準

級	満点	合格
1級/準1級/2級	二〇〇点	80%程度
準2級/3級/4級/5級/6級/7級	二〇〇点	70%程度
8級/9級/10級	一五〇点	80%程度

※部首、筆順は『漢検 漢字学習ステップ』など公益財団法人日本漢字能力検定協会発行図書でも参照できます。

日本漢字能力検定審査基準

10級

程度 小学校第1学年の学習漢字を理解し、文や文章の中で使える。

領域・内容
《読むことと書くこと》 小学校学年別漢字配当表の第1学年の学習漢字を読み、書くことができる。

《筆順》 点画の長短、接し方や交わり方、筆順および総画数を理解している。

9級

程度 小学校第2学年までの学習漢字を理解し、文や文章の中で使える。

領域・内容
《読むことと書くこと》 小学校学年別漢字配当表の第2学年までの学習漢字を読み、書くことができる。

《筆順》 点画の長短、接し方や交わり方、筆順および総画数を理解している。

8級

程度 小学校第3学年までの学習漢字を理解し、文や文章の中で使える。

領域・内容
《読むことと書くこと》 小学校学年別漢字配当表の第3学年までの学習漢字を読み、書くことができる。
・音読みと訓読みとを理解していること
・送り仮名に注意して正しく書けること（食べる、楽しい、後ろ　など）
・対義語の大体を理解していること（反対、体育、期待、太陽　など）
・同音異字を理解していること（勝つ一負ける、重い一軽い　など）

《筆順》 筆順、総画数を正しく理解している。

《部首》 主な部首を理解している。

7級

程度 小学校第4学年までの学習漢字を理解し、文や文章の中で正しく使える。

領域・内容
《読むことと書くこと》 小学校学年別漢字配当表の第4学年までの学習漢字を読み、書くことができる。
・音読みと訓読みとを正しく理解していること
・送り仮名に注意して正しく書けること（等しい、短い、流れる　など）
・熟語の構成を知っていること
・対義語の大体を理解していること（入学―卒業、得点―失点　など）
・同音異字を理解していること（健康、高校、広告、外交　など）

《筆順》 筆順、総画数を正しく理解している。

《部首》 部首を理解している。

5級

程度
小学校第6学年までの学習漢字を理解し、文章の中で漢字が果たしている役割に対する知識を身に付け、漢字を文章の中で適切に使える。

領域・内容
《読むことと書くこと》 小学校学年別漢字配当表の第6学年までの学習漢字を読み、書くことができる。
・音読みと訓読みとを正しく理解していること
・送り仮名や仮名遣いに注意して正しく書けること
・熟語の構成を知っていること
・対義語、類義語の構成を理解していること
・同音・同訓異字を正しく理解していること

《筆順》筆順、総画数を正しく理解している。

《四字熟語》四字熟語を正しく理解している（有名無実、郷土芸能 など）。

《部首》部首を理解し、識別できる。

6級

程度
小学校第5学年までの学習漢字を理解し、文章の中で果たしている役割を知り、正しく使える。

領域・内容
《読むことと書くこと》 小学校学年別漢字配当表の第5学年までの学習漢字を読み、書くことができる。
・音読みと訓読みとを正しく理解していること
・送り仮名や仮名遣いに注意して正しく書けること（告げる、失う など）
・熟語の構成を知っていること（上下、絵画、大木、読書、不明 など）
・対義語、類義語の大体を理解していること（禁止―許可、平等―均等 など）
・同音・同訓異字を正しく理解していること

《筆順》筆順、総画数を正しく理解している。

《部首》部首を理解している。

3級

程度
常用漢字のうち約1600字を理解し、文章の中で適切に使える。

領域・内容
《読むことと書くこと》 小学校学年別漢字配当表のすべての漢字と、その他の常用漢字約600字の読み書きを習得し、文章の中で適切に使える。
・音読みと訓読みとを正しく理解していること
・送り仮名や仮名遣いに注意して正しく書けること
・熟語の構成を正しく理解していること
・対義語、類義語、同音・同訓異字を正しく理解していること
・熟字訓、当て字を理解していること（乙女／おとめ、風邪／かぜ など）

《四字熟語》四字熟語を正しく理解している。

《部首》部首を識別し、漢字の構成と意味を理解している。

※常用漢字とは、平成22年11月30日付内閣告示による「常用漢字表」に示された2136字をいう。

4級

程度
常用漢字のうち約1300字を理解し、文章の中で適切に使える。

領域・内容
《読むことと書くこと》 小学校学年別漢字配当表のすべての漢字と、その他の常用漢字約300字の読み書きを習得し、文章の中で適切に使える。
・音読みと訓読みとを正しく理解していること
・送り仮名や仮名遣いに注意して正しく書けること
・熟語の構成を正しく理解していること
・対義語、類義語、同音・同訓異字を正しく理解していること
・熟字訓、当て字を理解していること（小豆／あずき、土産／みやげ など）

《四字熟語》四字熟語を正しく理解している。

《部首》部首を識別し、漢字の構成と意味を理解している。

※常用漢字とは、平成22年11月30日付内閣告示による「常用漢字表」に示された2136字をいう。

2級

程度
すべての常用漢字を理解し、文章の中で適切に使える。

領域・内容
《読むことと書くこと》 すべての常用漢字の読みに書きに習熟し、文章の中で適切に使える。
・音読みと訓読みとを正しく理解していること
・送り仮名や仮名遣いに注意して正しく書けること
・熟語の構成を正しく理解していること
・熟字訓、当て字を理解していること（海女/あま、玄人/くろうと など）
・対義語、類義語、同音・同訓異字などを正しく理解していること

《四字熟語》 典拠のある四字熟語を理解している（鶏口牛後、呉越同舟 など）。

《部首》 部首を識別し、漢字の構成と意味を理解している。

※常用漢字とは、平成22年11月30日付内閣告示による「常用漢字表」に示された2136字をいう。

準2級

程度
常用漢字のうち1940字を理解し、文章の中で適切に使える。※1 ※2

領域・内容
《読むことと書くこと》 1940字の漢字の読み書きを習得し、文章の中で適切に使える。
・音読みと訓読みとを正しく理解していること
・送り仮名や仮名遣いに注意して正しく書けること
・熟語の構成を正しく理解していること
・熟字訓、当て字を理解していること（硫黄/いおう、相撲/すもう など）
・対義語、類義語、同音・同訓異字を正しく理解していること

《四字熟語》 典拠のある四字熟語を理解している（驚天動地、孤立無援 など）。

《部首》 部首を識別し、漢字の構成と意味を理解している。

※1 常用漢字とは、平成22年11月30日付内閣告示による「常用漢字表」の2136字をいう。
※2 1940字とは、昭和56年10月1日付内閣告示による旧「常用漢字表」の1945字から「勺」「錘」「銑」「脹」「匁」の5字を除いたものを指す。

準1級

程度
常用漢字を含めて、約3000字の漢字の音・訓を理解し、文章の中で適切に使える。

領域・内容
《読むことと書くこと》 常用漢字を含めて、約3000字の漢字の読み書きに慣れ、文章の中で適切に使える。
・熟字訓、当て字を理解していること
・対義語、類義語、同音・同訓異字などを理解していること
・国字を理解していること（峠、凧、畠 など）
・複数の漢字表記について理解していること（國=国、交叉=交差 など）

《四字熟語・故事・諺》 典拠のある四字熟語、故事成語・諺を正しく理解している。

※ 約3000字の漢字は、JIS第一水準を目安とする。

1級

程度
常用漢字を含めて、約6000字の漢字の音・訓を理解し、文章の中で適切に使える。

領域・内容
《読むことと書くこと》 常用漢字の音・訓を含めて、約6000字の漢字の読み書きに慣れ、文章の中で適切に使える。
・熟字訓、当て字を理解していること
・対義語、類義語、同音・同訓異字などを理解していること
・国字を理解していること（俤、莅る など）
・地名・国名などの漢字表記（当て字の一種）を知っていること
・複数の漢字表記について理解していること（鹽=塩、颱風=台風 など）

《古典的文章》 古典的文章の中での漢字・漢語を正しく理解している。

《四字熟語・故事・諺》 典拠のある四字熟語、故事成語・諺を正しく理解している。

※ 約6000字の漢字は、JIS第一・第二水準を目安とする。

個人受検の申し込みについて 申し込みから合否の通知まで

1 受検級を決める

受検資格 制限はありません

実施級 1、準1、2、準2、3、4、5、6、7、8、9、10級

検定会場 全国主要都市約180か所に設置（実施地区は検定の回ごとに決定）

- 取扱新聞社などへ申し込む
  願書、検定料（現金）を直接持参、または現金書留で送付する。

2 検定に申し込む

- インターネットで申し込む
  ホームページ https://www.kanken.or.jp/ から申し込む
  （クレジットカード決済、コンビニ決済等が可能です）。

  下記バーコードから日本漢字能力検定協会ホームページへ簡単にアクセスできます。

- コンビニエンスストアで申し込む
  ・ローソン「Loppi」
  ・セブン-イレブン「マルチコピー」
  ・ファミリーマート「Fami ポート」
  ・サークルKサンクス「Kステーション」
  ・ミニストップ「MINISTOP Loppi」
  検定料は各店舗のカウンターで支払う。

- 取扱書店（大学生協含む）を利用する
  取扱書店（大学生協含む）で検定料を支払い、願書と書店払込証書を郵送する。

注意

① 家族・友人と同じ会場での受検を希望する方は、願書を利用する申込方法をお選びいただき、1つの封筒に同封して送付してください。同封されない場合には、受検会場が異なることがあります（インターネット、コンビニエンスストアでの申し込みの場合は同一会場の指定はできませんのでご了承ください）。

② 車いすで受検される方や、体の不自由な方はお申し込みの際に協会までご相談ください。

③ 申し込み後の変更・取り消し・返金はできません。また、次回への延期もできませんのでご注意ください。

3 受検票が届く

受検票は検定日の約1週間前に到着するよう協会より郵送します。
※検定日の4日前になっても届かない場合は協会へお問い合わせください。

お問い合わせ窓口

電話番号 0120-509-315（無料）
（海外からはご使用になれません。ホームページよりメールでお問い合わせください。）

お問い合わせ時間 月～金 9時00分～17時00分
（祝日・年末年始を除く）
※検定日とその前日の土、日は開設
※検定日と申込締切日は9時00分～18時00分

4 検定日当日

検定時間

- 2級 ：10時00分～11時00分（60分間）
- 準2級 ：11時50分～12時50分（60分間）
- 8・9・10級 ：11時50分～12時30分（40分間）
- 1・3・5・7級 ：13時40分～14時40分（60分間）
- 準1・4・6級 ：15時30分～16時30分（60分間）

持ち物

受検票、鉛筆（HB、B、2B、シャープペンシルも可）、消しゴム

※ボールペン、万年筆などの使用は認められません。ルーペ持ち込み可。

注意

① 会場への車での来場（送迎を含む）は、周辺の迷惑になりますのでご遠慮ください。
② 検定開始15分前までに入場してください。答案用紙の記入方法などを説明します。
③ 携帯電話やゲーム、電子辞書などは、電源を切り、かばんにしまってから入場してください。
④ 検定中は受検票を机の上に置いてください。
⑤ 答案用紙には、あらかじめ名前や受検番号などが印字されています。
⑥ お申し込みされた皆様に、後日、検定問題と標準解答をお送りします。

5 合否の通知

検定日の約40日後に、受検者全員に「検定結果通知」を郵送します。合格者には「合格証書」・「合格証明書」を同封します。

受検票は検定結果が届くまで大切に保管してください。

注 進学・就職に有利！ 合格者全員に合格証明書発行

大学・短大の推薦入試の提出書類に、また就職の際の履歴書に添付してあなたの漢字能力をアピールしてください。合格者全員に、合格証書と共に合格証明書を2枚、無料でお届けいたします。

合格証明書が追加で必要な場合は次の❶～❹を同封して、協会までお送りください。約1週間後、お手元にお届けします。

❶ 氏名・住所・電話番号・生年月日、および受検年月日・受検級・認証番号（合格証書の左上部に記載）を明記したもの
❷ 本人確認資料（在学証明書、運転免許証、住民票などのコピー）
❸ 住所・氏名を表に明記し切手を貼った返信用封筒
❹ 証明書1枚につき発行手数料500円

◆ 団体受検の申し込み

学校や企業などで志願者が一定以上まとまると、団体申込ができ、自分の学校や企業内で受検できる制度もあります。団体申込を扱っているかどうかは先生や人事関係の担当者に確認してください。

「漢検」受検の際の注意点

【字の書き方】

問題の答えは楷書で大きくはっきり書きなさい。乱雑な字や続け字、また、行書体や草書体のようにくずした字は採点の対象とはしません。

特に漢字の書き取り問題では、答えの文字は教科書体をもとにして、はねるところ、とめるところなどもはっきり書きましょう。また、画数に注意して、一画一画を正しく、明確に書きなさい。

《例》
〇 熱　× 熱(崩し)
〇 言　× 言(崩し)
〇 糸　× 糸(崩し)

(2) 日本漢字能力検定2～10級においては、「常用漢字表」に示された字体で書きなさい。なお、「常用漢字表」に参考として示されている康熙字典体など、旧字体と呼ばれているものを用いると、正答とは認められません。

《例》
〇 真　× 眞
〇 飲　× 飮
〇 弱　× 弱(旧字)
〇 渉　× 渉(旧字)
〇 迫　× 迫(旧字)

【字種・字体について】

(1) 日本漢字能力検定2～10級においては、「常用漢字表」に示された字種で書きなさい。つまり、表外漢字(常用漢字表にない漢字)を用いると、正答とは認められません。

《例》
〇 交差点　× 交叉点　(「叉」が表外漢字)
〇 寂しい　× 淋しい　(「淋」が表外漢字)

(3) 一部例外として、平成22年告示「常用漢字表」で追加された字種で、許容字体として認められているものや、その筆写文字と印刷文字との差が習慣の相違に基づくとみなせるものは正答と認めます。

《例》
餌 → 餌　と書いても可
遜 → 遜　と書いても可
葛 → 葛　と書いても可
溺 → 溺　と書いても可
箸 → 箸　と書いても可

注意
(3)において、どの漢字が当てはまるかなど、一字一字については、当協会発行図書(2級対応のもの)掲載の漢字表で確認してください。

もくじ

本書の特長と使い方 … 2

漢字の読み
- 音読み
- 訓読み
- 特別な読み
- 同字の音訓

漢検おもしろゼミ01 … 4
ウォーミングアップ … 10
練習1 … 12
練習2 … 18

漢字の部首

漢検おもしろゼミ02 … 24
ウォーミングアップ … 26
練習1 … 28
練習2 … 34

熟語の理解
- 熟語の構成

漢検おもしろゼミ03 … 35
ウォーミングアップ … 36
練習1 … 38
練習2 … 40

対義語・類義語

漢検おもしろゼミ04 … 46
ウォーミングアップ … 52
練習1 … 58
練習2 … 60

四字熟語

漢検おもしろゼミ05 … 68
ウォーミングアップ … 74
練習1 … 76
練習2 … 79

… 84 90 92 96 100 104

本書の特長と使い方

本書は、「日本漢字能力検定」の2級合格を目指した問題集です。読み、部首、熟語の理解、対義語・類義語、四字熟語、送りがな、同音・同訓異字、書き取りの分野で構成しており、学習をスムーズに進められるように工夫されています。また練習問題は、「ウォーミングアップ」→「練習1」→「練習2」と基礎的なものから順にレベルアップしていきますので、無理なく学習に取り組むことができます。

❶ まずは、要点整理 漢検おもしろゼミ

❶ 各分野の問題に取り組む前に、ぜひ知っておいてほしい基礎知識を解説しています。

❷ 漢字のまめ知識なども取りあげていますので、読書感覚で読むことができます。わかりにくい項目などは、表やイラストで解説しています。

❷ 練習前の肩ならし ウォーミングアップ

基礎力をチェックしましょう。

❶ チェック欄
できなかった問題、間違えた問題、自信のない問題はここにチェックして、復習に役立てましょう。

❷ ミニコラム（ONE Point）
問題を解く上でのテクニック・注意点・ポイントなどを述べています。

目次構成（縦書き）

- 送りがな
  - 漢検おもしろゼミ 06 … 106
  - ウォーミングアップ … 110
  - 練習1 … 116
  - 練習2 … 122

- 同音・同訓異字
  - 漢検おもしろゼミ 07 … 124
  - ウォーミングアップ … 126
  - 練習1 … 130
  - 練習2 … 132

- 書き取り
  - 漢検おもしろゼミ 08 … 134
  - ウォーミングアップ … 136
  - 練習1 … 140
  - 練習2 … 144

- ●誤字訂正
  - ウォーミングアップ … 152
  - 練習1 … 162
  - 練習2 … 164

- 実力完成問題
  - 第1回 … 168
  - 第2回 … 172

- 巻末資料
  - 2級配当漢字表 … 178
  - 四字熟語とその意味 … 184
  - 都道府県名 … 188
  - 学年別漢字配当表 … 191
  - 級別漢字表 … 192
  - 中学校で学習する音訓一覧表 … 195
  - 高等学校で学習する音訓一覧表 … 198
  - 常用漢字表 付表 … 200
  - ことわりの読み／注意すべき読み … 203
  - … 206

---

❸ いろいろな練習問題に挑戦 練習1・練習2

練習1→練習2と学習を進めることで、検定に必要な漢字能力を正しく確実に身につけましょう。

❶ 実施日記入欄

❷ 解答の手助けとなる「ヒント」や「意味」を掲載しているので、漢字の成り立ちや意味などをきちんと理解した上で、問題を解くことができます。

❸ 間違えやすい問題や難易度の高い問題にはアイコンをつけています。アイコンのついた問題を解くことができれば、自信を持って問題を解いてよいでしょう。

この本で使っているアイコン
- ヒント：解答の手助けとなるヒントを示しています。
- 意味：難しい言葉の意味を解説しています。
- 難：難易度の高い問題です。
- 注：間違えやすい問題です。

❹ バッチリ力をつけよう 実力完成問題

全分野の練習を終えたら、審査基準に則した出題形式の実力完成問題にチャレンジしましょう。自己採点して、苦手分野は再度復習しましょう。

❺ 検定直前ポイント整理 巻末資料

配当漢字の一覧や四字熟語など、確認しておきたい資料や、各種漢字表をまとめました。日々の学習や検定直前の見直しに活用しましょう。

漢字の読み

おもしろゼミ 01 漢検

漢字の音と訓
歴史が詰まった漢字の「読み」

「菊」「梅」「桜」の訓読みは？

漢字には音読みと訓読みがあります。漢字は中国から伝わった文字ですから、「常用漢字表」には記載がなくても、基本的に漢字には「音」があります。「訓」は漢字が持つ意味に合わせて日本語（和語）を後から当てはめた読み方になります。

では、タイトルに掲げた「菊」「梅」「桜」の訓は何でしょうか。「菊（きく）」「梅（うめ）」「桜（さくら）」でしょうか。「常用漢字表」では「菊」の音訓欄には「キク」とカタカナで書かれています。これは、「菊」の読み「キク」が、音読みであることを表しています。

中国にて「菊」は「キク」と発音されていました。それが日本へ伝来した際、そのままの読みで日本語として定着したため、「キク」は音読みなのです。

「菊」のように訓読みと思われがちな音読みには、ほかに「絵（エ）」

菊 キク

■ 漢字の「音」
日本に伝来した当時の中国での発音をまねた読み方。

■ 漢字の「訓」
漢字そのものが持つ意味と、和語（漢字が伝わる以前から使っていた日本の言葉）を結びつけた読み方。

■ 呉音・漢音・唐音
一つの字に呉音・漢音・唐音がある場合も。

呉音…奈良時代以前の五～六世紀。長江（揚子江）下流一帯（呉の地方）から伝えられた南方系の音。

漢音…奈良時代～平安時代の七～八世紀。隋・唐の時代。遣唐使や留学僧・留学生などによって伝えられた北方系の音。

唐音…鎌倉時代～江戸時代。宋・元・明・清の時代。禅宗の僧や貿易商人などによって伝えられた音。

脚気（かっけ）
脚本（きゃくほん）
脚立（きゃたつ）

※「脚」の呉音「かっ」の読みは「常用漢字表」外の読み方

「肉(ニク)」「茶(チャ)」などがあります。また逆に、音読みと勘違いしそうな訓読みには「貝(かい)」「桁(けた)」「鹿(しか)」などがあります。あわせて注意しましょう。

「常用漢字表」では、多くの字に一～三つ程度の音訓が掲げられています。中には音読みだけ、訓読みだけの漢字や、「生」のように音読みが二つに対して、訓読みが十通りもある漢字もあります。漢字は実に多彩で、決してひとくくりにはできません。

それでは、現在の日本での読み方が定着するに至った漢字の歴史をひもといてみましょう。

漢字の音は大別して三つ

中国から伝わった漢字を、中国での発音をまねて読んだのが「音読み」です。その発音は、漢字が日本に伝来した時代や、中国のどの地域から伝わったのかによって異なり、**呉音・漢音・唐音**の三つに大別されています。例えば、「生」でいえば、「ショウ」が呉音、「セイ」が漢音となります。

ほかにも、日本で生じた**慣用音**というものもあります。

[呉音]…仏教用語が中心

日本が奈良時代以前の五～六世紀に、長江(揚子江)下流一帯(呉の地方)から伝えられた、南方系の音は「呉音」といわれています。当時の中国は南北朝時代で、非常に仏教が盛んでした。特に南朝の梁の武帝は熱心な仏教信者として知られ、首都・建康(今の南京)に五百に余る仏寺を建立したといわれるほどでした。その有り様を、後に杜牧(唐代の詩人)はその詩「江南の春」で次のように歌っています。

■仏教用語に残る呉音の例

回向(えこう)…死者のために仏事を営み、霊を慰めること。

開眼(かいげん)…新しく作った仏像や仏画に目を描いて、仏の魂を迎え入れること。

功徳(くどく)…善行に対する神仏のよい報い。ご利益。

化身(けしん)…人々を救うために、姿を変えてこの世に現れた仏。

解脱(げだつ)…迷いや悩みから解放されて、悟りの境地に達すること。

還俗(げんぞく)…一度出家した者が、再び俗人に戻ること。

衆生(しゅじょう)…命あるすべてのもの。特に人間のこと。

殺生(せっしょう)…生き物を殺すこと。また、むごいこと。ひどく残酷なこと。

■日常語に見られる「呉音」と「漢音」

漢字	呉音	漢音
有	有無(うむ)	有益(ゆうえき)
会	会釈(えしゃく)	会社(かいしゃ)
遠	久遠(くおん)	永遠(えいえん)
仮	仮病(けびょう)	仮説(かせつ)
虚	虚空(こくう)	虚無(きょむ)
極	極上(ごくじょう)	極地(きょくち)
期	最期(さいご)	期間(きかん)

漢字	呉音	漢音
寂	静寂(せいじゃく)	寂然(せきぜん)
精	精進(しょうじん)	精神(せいしん)
相	真相(しんそう)	首相(しゅしょう)
厳	荘厳(そうごん)	厳格(げんかく)
食	断食(だんじき)	粗食(そしょく)
柔	柔和(にゅうわ)	柔道(じゅうどう)
煩	煩悩(ぼんのう)	煩雑(はんざつ)

千里鶯啼いて緑紅に映ず
南朝四百八十寺 多少の楼台煙雨の中
水村山郭酒旗の風

このような背景があり、現在の日本で使用される呉音の語は仏教用語に多く残っています。また、日常語には「会釈・気配・強引」などがあります（「配」は漢音。「引」は漢音も同じ）。

[漢音]…最も多い漢字音

七～八世紀の隋から唐の時代にかけて、洛陽（今の河南）や長安（今の西安）から日本の遣唐使や留学僧・留学生などによって伝えられた、北方系の音が「漢音」です。漢音は、日本で平安時代に漢字の標準音として学者たちの間で重用され、呉音よりも広く一般的に使われるようになりました。現在、日本で使用される漢字の音の中で最も多いのが漢音といわれています。

漢音の語としては「会見・極力・直接」などがあります。（「見」は呉音も同じ。「接」は慣用音）

[唐音]…道具の名前などに残る

鎌倉時代には留学僧や貿易商人によって、江戸時代には来日した禅僧などによって漢字は伝えられます。これらの漢字音は「唐音」と呼ばれますが、必ずしも唐代だけの音という意味ではありません。唐以後の宋・元・明・清などの音も含まれ「唐宋音」ということもあります。その内容は極めて雑多で、日常語における使用範囲も狭く、今日では

■器具などの名に多い「唐音」

行火（あんか）　行灯（あんどん）
和尚（おしょう）　布団（ふとん）
花瓶（かびん）　提灯（ちょうちん）
椅子（いす）　杏子（あんず）
暖簾（のれん）　銀杏（ぎんなん）
　　　　　　　風鈴（ふうりん）

■呉音・漢音・唐音の読み分け

漢字	呉音	漢音	唐音
脚	脚気（かっけ）	脚本（きゃくほん）	脚立（きゃたつ）
行	行列（ぎょうれつ）	行動（こうどう）	行宮（あんぐう）
経	経文（きょうもん）	経書（けいしょ）	看経（かんきん）
外	外科（げか）	外国（がいこく）	外郎（ういろう）
京	東京（とうきょう）	京師（けいし）	南京（なんきん）
明	明年（みょうねん）	明月（めいげつ）	明朝（みんちょう）

■主な慣用音

愛想（あいそ）　音頭（おんど）　合戦（かっせん）　激流（げきりゅう）
懸念（けねん）　攻撃（こうげき）　格子（こうし）　早速（さっそく）
煮沸（しゃふつ）　消耗（しょうもう）　信仰（しんこう）　憎悪（ぞうお）
反物（たんもの）　茶会（ちゃかい）　通行（つうこう）　弟子（でし）
出納（すいとう）　納戸（なんど）　南無（なむ）　女房（にょうぼう）
法度（はっと）　拍子（ひょうし）　由緒（ゆいしょ）　輸入（ゆにゅう）

一部の道具の名前などに残る程度に過ぎません。唐音の語としては「外郎(ろう)・饅頭(まんじゅう)・椅子(いす)」などがあります。(「郎」「椅」は呉音・漢音、「饅」は呉音)。

[慣用音]…使い慣らされて広く通用

呉音・漢音・唐音のいずれでもなく、日本で広く使われて一般的になった音を「慣用音」といいます。

冒頭で「音読みである」と説明した「茶」も、実は慣用音です。日本に伝来した当初「茶」の読みは「茶飯事」などと使われる唐音「サ」のみでしたが、「茶の湯」「番茶」などの「チャ」の読みも生まれました。

「耗」も同様で、もともと音は「コウ」(呉音・漢音)でしたが、旁の「毛」の音に引かれて「モウ」とも発音されるようになり、「消耗」「損耗」などは「ショウモウ」「ソンモウ」と読まれるようになりました。ただし、「心神耗弱」は、今も「シンシンコウジャク」と読まれています。

訓読みは漢字の翻訳

漢字が日本に伝えられたとき、漢字は音読みしかありませんでした。しかし、漢字が表す内容が、日本の言葉(和語)ですでに存在していたものがありました。そこで、音読みしかなかった漢字は、字そのものが持つ意味と和語を結びつけた読み方が開発されました。

このように、漢字が持つ意味に近い日本語に翻訳して誕生したのが訓読みです。例えば、「亀」という漢字は伝来した頃の読みは「キ」のみでしたが、意味は日本語の「かめ」なのだから「亀」という字は「かめ」とも読もう、というように訓読みは作られてきました。

このように、訓は日本人により次々に作られてきました。多くの訓を

■ 注意したい多くの訓を持つ漢字

	音	訓
上	ジョウ・ショウ	うえ・うわ・かみ・あーげる・あーがる・のぼーる・のぼーせる・のぼーす
明	メイ・ミョウ	あーかり・あかーるい・あかーるむ・あーからむ・あきーらか・あーける・あーく・あーくる・あーかす
揺	ヨウ	ゆーれる・ゆーる・ゆーらぐ・ゆーるぐ・ゆーする・ゆーさぶる・ゆーすぶる

■ 送りがなのつく「語幹が3音節以上の2級配当漢字」

憧(あこーがれる)
羨(うらやーむ・うらやーましい)
遡(さかのぼーる)
嘲(あざけーる)
貪(むさぼーる)
蔑(さげすーむ)

綻(ほころーびる)
諦(あきらーめる)
罵(ののしーる)
弄(もてあそーぶ)

持つ漢字も出てきましたが、さまざまな歴史の中で整理され、今日に至っています。

訓読みを学習する際には、「潔(いさぎよ)い」のような一字多音節の語や、「治める・収める・修める・納める」のような同訓異字に注意を払いましょう。

音読みや訓読みのない字もある

冒頭で述べたように、「常用漢字表」で「菊」に訓読みはありません。これは、「菊」という漢字が日本に伝わったとき、日本には菊の花自体が、存在していなかったためなのです。これは、「忠」「信」「孝」といった漢字も同様で、これらの漢字が表す道徳的思想のなかった当時に渡来したことから、現在の読みも伝来当時の音のみで訓はありません。

また、もとは訓読みがあったけれど次第に使われなくなって訓だけが残った漢字や、逆に「杉」、「頰」など「常用漢字表」では訓読みだけが記載があり、音読みのない漢字もあります。

さらに、漢字には日本で作られた「国字」もあります。ほとんどが訓読みのみの漢字ですが、中には「働」のように、音読み(ドウ)と訓読み(はたら‐く)の両方を持つ国字もあります。「常用漢字表」外の字でも「樫」の字は「込」「腺」「働」「峠」「匂」「畑」「枠」など、「裃」「笹」「凪」など、今日でも通用している漢字も多くあります。

■「常用漢字表/付表」熟字訓・当て字
(高校で学習するもの)

あま——海女・海士
いぶき——息吹
うわき——浮気
おみき——お神酒
おもや——母屋・母家
かぐら——神楽
かし——河岸
かや——蚊帳
くろうと——玄人
こじ——居士
ざこ——雑魚
さじき——桟敷
じゅず——数珠
しろうと——素人
しわす(しはす)——師走
すきや——数寄屋・数奇屋
だし——山車
ちご——稚児
つきやま——築山
てんません——伝馬船
とあみ——投網
とえはたえ——十重二十重
どきょう——読経
なこうど——仲人
のら——野良
のりと——祝詞
もさ——猛者
やおちょう——八百長
ゆかた——浴衣
よせ——寄席

■「常用漢字表」中の特別な音訓と用語例
(高校で学習するもの)

声 ショウ 大音声
青 ショウ 緑青
政 ショウ 摂政
清 ショウ 六根清浄
盛 ジョウ 繁盛
請 シン 普請
赤 シャク 赤銅
節 セチ お節料理
説 ゼイ 遊説
想 ソ 愛想
団 トン 布団
壇 タン 土壇場
着 ジャク 愛着

依 エ 帰依
疫 ヤク 疫病神
益 ヤク 御利益
遠 オン 久遠
火 ケ 火影
華 ケ 香華
回 エ 回向
格 コウ 格子
眼 ゲン 開眼
期 ゴ 最期
脚 キャ 脚立
宮 ク 宮内庁
久 ク 久遠

特別な読み方をする漢字

> 旅人とわが名呼ばれん初時雨
> 五月雨をあつめて早し最上川

ご存じ、松尾芭蕉（ばしょう）の俳句です。

さて、この句に詠まれている「時雨」や「五月雨」は、それぞれ、「しぐれ」、「さみだれ」と読みますが、この読みを漢字に対応させるとどうなるでしょうか？

実は、これらの読みは、漢字一字一字に対応させできません。特別な読み方として「常用漢字表」で「付表」にも挙げられている「**熟字訓**（じゅくじくん）」というものです。「熟字訓」は日本にもともとあった言葉（和語）に、内容に合った漢字を後からあてたものです。ほかにも「玄人（くろうと）」「山車（だし）」「祝詞（のりと）」など、たくさんあるので、きちんと読めるようにしておきたいものです。「付表」のほかにも「紫陽花（あじさい）」「団扇（うちわ）」「煙草（たばこ）」「河豚（ふぐ）」など多様な「熟字訓」があります。

熟字訓とは逆に、日本語（和語）に音だけが一致した漢字を当てはめたものを「当て字」といいます。「付表」の語では「野良」の「良」が当て字になり、「付表」にはありませんが外来語に漢字を対応させた「型録（カタログ）」「珈琲（コーヒー）」なども当て字です。

なお、漢検では「熟字訓」や「当て字」については、２級以下は「常用漢字表」の「付表」によっています。

しぐれ　時雨
さみだれ　五月雨
熟字訓

虚コク　虚空
供クゴン　供養
勤ゴン　勤行
建コン　建立
権ゴン　権化
懸ケン　懸念
験ゲン　霊験
厳ゴン　荘厳
庫ク　庫裏
懸コウ　香車
行アン　行脚
功クウ　功徳
貢サイ　年貢
殺セツ　殺生
仕ジ　給仕
事ズ　好事家
質チ　言質
若ニャク　老若
寂セキ　寂然
主ス　法主
就ジュ　成就
衆シュ　衆生
従ジュ　従〇位
祝シュウ　祝儀
女ニョウ　女房
上ショウ　上人
情セイ　風情
食ジキ　断食
神こう　神々しい
数ス　人数
成ジョウ　成就

通ツ　通夜
度タク　法度
棟トウ　棟木
頭トウ　音頭
道トウ　神道
南ナン　南無
納ナン　納戸
納ナッ　納屋
馬バ　博労
博バク　博労
反ホン　衣鉢
鉢ハチ　衣鉢
病ヘイ　疾病
煩ボン　煩悩
富フウ　富貴
風フ　風情
歩ホ　歩合
法ホッ　法度
法ホウ　法主
亡モウ　亡者
謀ハン　謀反
凡ハン　凡例
耗モウ　心神耗弱
目ユ　目深
由ユ　由緒
唯イ　唯々諾々
遊ユ　遊山
立リュウ　建立
律リチ　律儀
流ル　流布
糧ロウ　兵糧
緑ロク　緑青
和オ　和尚

漢字の読み

音読み
ウォーミングアップ

1 次の**音**を持つ漢字を後の□から選び、（ ）にその漢字をすべて記せ。

実施日

解答は別冊P.1

1 ハ （ ）
2 セツ （ ）
3 トウ （ ）
4 ヒ （ ）

窃 罷 筒 棺 騰 拙 縄 謄
媒 把 妃 扉 浦 覇 藤 刹

---

2 次の漢字の音を**カタカナ**で記せ。また、同じ音を持つ漢字を後の□から選び、[ ]にその**漢字**をすべて記せ。

1 娠 （ ）[ ]
2 斑 （ ）[ ]
3 沖 （ ）[ ]
4 丙 （ ）[ ]
5 渦 （ ）[ ]

氾 衷 弔 津 柄 靴 抽 紳
寡 塀 苛 唇 鋳 薇 汎 阪

3 次の——線の読みをひらがなで、（　）に記せ。

如
1 如才のない人だ。
2 結果が如実に表れる。

霊
3 霊場で修行する。
4 怨霊の呪いにおびえる。

嫌
5 嫌疑が掛かる。
6 機嫌がいい。

封
7 封建時代の文化を学ぶ。
8 瓶を密封する。

唯
9 彼が唯一の望みだ。
10 唯諾する。

罰
11 罰則を決める。
12 罰があたる。

牙
13 悪の毒牙にかかる。
14 象牙色のコートを着る。

蛇
15 蛇腹式のカメラだ。
16 川が蛇行して流れる。

施
17 大会を実施する。
18 しっかりと施錠する。

ONE Point

漢検2級の範囲は？

二一三六字

二〇一〇年十一月に改定された常用漢字表に掲載されているすべての漢字と読みが対象です。

漢字の読み

音読み

練習1

1 次の——線の読みをひらがなで、（　）に記せ。

解答は別冊P.1

1. チームには強肩の捕手がいる。
2. 二人の意見を折衷した案を出す。 意味：両方の良い点を取り合わせて一つにすること。
3. 監督の更迭は見送られた。 ヒント：「送」は「かわる」という意味。
4. 謹んで哀悼の意を表す。
5. 季節ごとの挨拶を欠かさない。
6. 有機栽培の野菜を頒布する。 意味：広く配り、ゆきわたらせる。
7. 校長の話から示唆を受けた。
8. 彼女の洞察力には感心する。
9. 赤字の累積が倒産につながった。
10. 軍は規律と秩序が保たれていた。
11. 必須科目を重点的に学習する。
12. 組織の枢要な地位に就く。 意味：物事の最も大切なところ。
13. 製靴工場に勤めている。
14. 岐阜県の高山で古い町並みを歩く。
15. 師匠に稽古をつけてもらう。
16. 処方箋を持って薬局へ行く。
17. 過去の疾病を問診票に記入する。
18. 神社で人形浄瑠璃が演じられた。
19. 社長の愛猫はチンチラだそうだ。
20. そばなどの麺類を好んで食べる。
21. 戦死者の冥福を祈る。
22. 部長の恣意的な判断で信用を失う。 意味：気ままなさま。
23. 夫婦で渓流沿いを散策する。
24. 中世の富裕層の暮らしを調べる。

漢字の読み

- 25 今回の釣果はまずまずだ。
- 26 A国との借款が成立した。 _{意味：国と国との間の貸借。"款"は契約の条項の意味。}
- 27 不正に対する弾劾演説を聞く。 _{意味：罪をあばきたてて攻撃すること。}
- 28 誘拐事件が解決する。
- 29 堪忍袋の緒が切れる。
- 30 外国の大使が国王に調見する。 _{意味：手続きをとり身分の高い人や目上の人に会うこと。}
- 31 一対一の均衡を破るホームランだ。
- 32 悪貨は良貨を駆逐する。
- 33 根拠のない記事を妄信するな。 _{意味：わけもなく信じること。}
- 34 迅速な処理が望まれる。
- 35 官庁と企業との癒着を避ける。
- 36 訓練の効果が顕著に出た。 _{ヒント：本来は医学用語だが比喩的に使っている。}
- 37 滋味あふれる家庭料理が好きだ。 _{意味：栄養豊富でおいしい食べ物。}
- 38 地下茎から土中の養分を吸収する。

- 39 批判を謙虚に受け止める。
- 40 海藻は体によい食材である。
- 41 昆虫図鑑で調べてみよう。
- 42 しょう油の発祥の地を訪ねる。
- 43 虚偽の証言に怒りを覚えた。
- 44 市の聴聞会で意見を述べる。 _{意味：「聴聞会」＝行政機関が関係者や第三者の意見を聞く会合。}
- 45 享楽にふけった報いを受ける。
- 46 テーマを逸脱してはならない。
- 47 解答は楷書で書いてください。

ONE Point

次の漢字の読み方は、音読み？ 訓読み？

① 柵 ― さく
② 宵 ― よい
③ 丼 ― どん
④ 崎 ― さき

※いずれも訓読み

漢字の読み

音読み 練習1

解答は別冊P.2

2 次の——線の読みをひらがなで、（　）に記せ。

1. 生涯忘れられない出来事だ。
2. 今年は、米の生産が過剰だそうだ。
3. 桟橋から出航する船を見送る。
4. 学業への意欲が旺盛な学生だ。
5. 時間の都合で詳細は割愛します。
6. 美しい旋律に耳を傾ける。 [意味] メロディー・節ともいう。
7. 娘はまだ四歳の頑是ない子どもだ。 [意味]「頑是ない」＝幼くて物事の善悪がわからない。
8. あの二人は犬猿の仲だ。
9. 触れると粘液を分泌する花だ。
10. 若き才能に嫉妬の炎を燃やす。

11. 公僕として公衆に奉仕する。 [意味] 公務員のこと。
12. 多数の艦艇が港に停泊している。 [ヒント]「艦」はいくさぶね、軍艦。「艇」は細長い小ぶね。
13. 何もない原野に鉄道を敷設している。
14. 財産を三人の子どもに譲渡する。
15. 眠っている能力を覚醒させる。
16. 議員の収賄事件が報道される。 [反対語]「贈賄」。
17. 移行措置の期間を設ける。
18. 寸暇を惜しんで制作に打ち込む。
19. 児童が交替で給食の配膳をする。 [意味] 国債などを発行すること。
20. 新たな起債を避ける政策だ。
21. 汎用性を重視したシステムを作る。
22. 志半ばで凶刃に倒れた。
23. 国会で条約が批准された。 [意味] 全権委員（内閣）などが調印した条約を主権者（国会）が承認すること。
24. 山麓の村にも遅い春が訪れた。

- 25 門限を破った理由を詰問された。
- 26 春の叙勲式典をテレビで見る。
- 27 近畿地方に暴風警報が発令された。
- 28 サクランボは桜桃ともいう。
- 29 上司の媒酌で結婚式を挙げる。
- 30 上がった案を羅列してみる。 意味 ずらりと並べること。
- 31 弊社の取り組みを説明致します。
- 32 心の琴線に触れる歌詞だ。
- 33 思いもかけない褒賞を授かった。
- 34 斑点模様の子猫をもらう。
- 35 少子化は人口を逓減させる。 ヒント 「逓」は次にうつる、しだいにという意味を持つ。
- 36 店長が吟味したワインがそろう。
- 37 紛糾する会議をまとめる。
- 38 衛兵は非業の死を遂げた。 意味 「非業の死」＝思いもよらない災難で死ぬこと。

- 39 外国との貿易摩擦を避ける。
- 40 加盟店は漸次増加している。 意味 だんだん、しだいに。
- 41 厳しい修行を経て解脱を求める。
- 42 厳粛な場面にそぐわない服装だ。
- 43 部下を督励して士気を上げる。 ヒント 監督して激励すること。
- 44 布巾を煮沸消毒する。
- 45 同盟罷業の実行がせまる。 意味 「同盟罷業」＝ストライキ。
- 46 やっと胸襟を開いてくれた。 意味 胸の内。心の中。
- 47 日本庭園に石の灯籠を配する。

> **ONE Point**
>
> 音符は漢字の発音を示す部分
>
> 「肝」の「干(カン)」、「泊」の「白(ハク)」、「凍」の「東(トウ)」など、漢字の音符に注目すれば、漢字の音が捉えやすくなります。

漢字の読み

音読み

練習 1

3 次の——線の読みをひらがなで、（　）に記せ。

1. 追って沙汰があるまで待機せよ。
   意味 通知。便り。
2. 羞恥心のかけらもない行動だ。
3. 鉛筆を削って芯をとがらせる。
4. 一旦退いて策を練り直す。
   意味 未熟なこと。才能がないこと。
5. 不肖ながら努力致します。
6. 新作ゲームが酷評されている。
7. 友人の辛辣な言葉に心が傷つく。
8. 一生の伴侶となる女性に出会う。
   意味 こだわること。
9. 細かい事には拘泥しない性格だ。
10. 資金難で開発計画が頓挫する。

11. 品質検査を頻繁に行う。
    意味 総理大臣のこと。
12. 宰相としての力量が問われる。
13. 蛍光ペンでマークをつける。
    意味 ひそかにその人を模範として慕い学ぶこと。
14. 人権侵害で訴訟を起こす。
15. 俳句の師として私淑する。
    意味 納得して認めること。
16. その説は首肯し難いものだ。
17. 郷土料理は素朴な味わいだった。
18. 富士山は崇高な霊山だ。
19. 国が賠償金を支払う。
20. カモノハシは哺乳類だが卵を産む。
    意味「衆寡敵せず」＝少数は多数に勝てない。
21. 衆寡敵せず、ついに撤退だ。
22. 高校野球の覇者を目指す。
23. 老翁の教えに耳を傾ける。
    意味 ちょうどよい時のこと。
24. 時宜にかなった発言だ。

25 事件の動機は怨恨と想定された。
26 車についた虫の死骸を洗い落とす。
27 碁盤の目のように道路が走る。
28 ひどく刹那的な生き方だ。【意味】瞬間。
29 町並みに昔日の面影を感じる。
30 すずりに墨汁を流し入れた。
31 奈落の底に突き落とされる。
32 ピストルに弾丸を装填しておく。
33 緻密に計算された建築デザインだ。
34 病院内の床や天井を拭浄する。【意味】ぬぐい清めること。
35 手続きのため戸籍抄本を用意する。
36 自由研究で町の変遷をまとめる。
37 補聴器のお陰で明瞭に聞こえる。
38 殉職した刑事を弔う。

39 激しい憎悪を感じる一言だった。
40 姉は類いまれな美貌の持ち主だ。
41 正しくない情報が氾濫している。
42 馬の手綱を強く握り締める。
43 右舷前方に他船を確認した。【意味】船尾から船首に向かって右側のふなばた。
44 苦闘の末、優勝旗を奪還した。
45 肝腎なのは見た目より内容だ。
46 映画の凄惨なシーンに目を覆う。
47 お正月には親戚一同が集まる。

ONE Point
熟語の読み方の原則 その①

「会釈（えしゃく）」「金言（きんげん）」「萎縮（いしゅく）」のように、上の字を音読みすれば、下の字も音読みするのが原則です。

漢字の読み

音読み

練習 2

次の――線の読みをひらがなで、（　）に記せ。

1 ただ曖昧な返事を繰り返した。
2 英語の語彙力をもっと高めたい。
3 恐ろしい話に戦慄が走る。
4 徹宵で復旧作業にあたる。（難）
5 豆乳は大豆を圧搾して作る。
6 交通事故撲滅のポスターを貼る。
7 番犬が侵入者を威嚇する。
8 薫風が爽やかな香りを運ぶ。
9 外国からの賓客を接待する。
10 恩赦により放免された。
11 剛腹な人物と知られる役者だ。
12 羊は臆病な動物だといわれる。
13 門扉には鍵がかかっている。
14 瀬戸大橋はいつ見ても壮観だ。
15 学びの心はますます深奥に達する。
16 一言のもとに喝破する。
17 既に閑却を許さぬ状態だ。
18 嗣子として落ち着いて振る舞う。（難）
19 登録名簿から抹消する。
20 弔問客が列をなした。
21 俳優に出演を打診する。
22 阪神地方に多くの支店を展開する。
23 作文の添削をお願いした。
24 天皇からの下賜に感謝する。（難）
25 全てに完璧な人間などいない。

26 ぬるめの風呂で半身浴をする。
27 予約金を返戻してもらう。
28 根気よく折衝を重ねる。
29 歯並びを矯正した。
30 政府高官が何者かに拉致された。
31 心筋梗塞の疑いで検査入院する。
32 急惰な生活に終止符を打つ。
33 眉間にしわを寄せて考え込んだ。
34 肥沃な土地で育てた自慢の野菜だ。
35 敵の間隙を縫ってシュートする。
36 厳しい忠告を真摯に受け止める。
37 お気持ちはありがたく頂戴します。
38 国境付近でついに紛争が勃発した。
39 海外の工業大学で冶金学を学ぶ。
40 古刹で尼僧の説法を聴いた。

41 彼は高尚な目的で起業した。
42 屋上からの眺望は一見に値する。
43 凹凸の激しい道を走る。
44 チョウが花の蜜を吸っている。
45 詐欺に遭って金を取られた。
46 彼の祖先は侯爵だったそうだ。
47 部下に寛大に接する。
48 将来への漠然とした不安がある。
49 偏狭な考えは捨てよう。
50 社会の安寧が保たれるよう願う。

ONE Point

複数の音を持つ漢字に注意！

漢字には複数の音が伝えられたものがあり、「人間（ゲン）」「期間（カン）」のように二つ以上の音を持つものもあります。

漢字の読み

音読み

練習2

2 次の──線の読みをひらがなで、（ ）に記せ。

解答は別冊P.3

1 二人で婚姻届を出す。
2 両者の実力には雲泥の差がある。
3 彼はチームの大事な逸材だ。
4 その問題は長年の懸案事項だ。
5 窓際の椅子に腰掛けて本を読む。
6 計画が暗礁に乗り上げた。
7 騒動の渦中にコメントを出した。
8 風邪への免疫力を高める。
9 戦国時代の豪傑のような人物だ。
10 彼の因循な態度にいらだった。

11 湧出した温泉水の成分を調べる。
12 均斉のとれた体つきに憧れる。
13 猫が高い塀を乗り越えていった。
14 役者冥利に尽きる役だ。
15 改築工事の進捗状況を確認する。
16 いつも人の詮索ばかりしている。
17 勾留中の犯人が逃走した。
18 賄賂が横行し汚職が日常化する。
19 数千の群衆が武装蜂起した。
20 焼酎は蒸留酒の一種である。
21 しゃれた鉄柵で庭の周りを囲う。
22 名誉毀損で慰謝料を請求される。
23 陰鬱な雲がたれこめている。
24 野菜の種苗をあれこれ買った。
25 整形外科で脊髄反射の検査を行う。

26 出掛ける前にガス栓を閉める。
27 捕虜が主人公の映画を見た。
28 交渉がようやく妥結した。
29 地産地消が奨励されている。
30 詔勅が発布された。
31 哲学的な思索にふける。
32 勉強中に睡魔に襲われた。
33 想像を絶する苛酷な訓練だった。
34 委員会に決定案を付託する。
35 国家の印を国璽という。
36 監督が全体を統括する。
37 株価急騰のニュースを聞く。
38 スター選手の年俸に驚く。
39 将来のために禍根を除く。
40 停電で漆黒の闇に包まれた。

41 諮問機関に意見を求めた。
42 愚痴が多い先輩が苦手だ。
43 美しく才媛の誉れ高い女性だ。
44 孝行息子のお陰で将来は安泰だ。
45 閣僚の不祥事が続いている。
46 広報部は社長が直轄する部署だ。
47 勤務態度が原因で罷免された。
48 機械の部品が磨耗してきた。
49 事件に遺憾の意を表明した。
50 斎戒は僧の勤めの一つだ。

ONE Point

複数の音読みを持つ漢字

二つ以上の音を持つ漢字は、常用漢字表内では二七四字。音読みの数が最も多い字は「納」（ノウ・ナッ・ナ・ナン・トウ）です。

漢字の読み

音読み 練習2

3 次の──線の読みをひらがなで、（ ）に記せ。

1. 着物を着て歌舞伎を観劇する。
2. 夢と現実との間で葛藤し続ける。
3. 罰金もしくは禁錮刑に処せられる。
4. 事件後に失踪した男の行方を追う。
5. 慣れない山歩きで捻挫をした。
6. 巧みな隠喩が詩に深みを添える。
7. 悪人の巣窟を若武者が討伐した。
8. 舞台は拍手喝采で幕を閉じた。
9. 後輩の不遜な態度に腹を立てる。
10. 犯罪の隠蔽工作が行われた。
11. 情状酌量の余地のない犯罪だ。
12. 病巣を手術で切除した。
13. 約束を確実に履行する。
14. 家の普請が始まった。
15. 状況を把握してから実行する。
16. その詩人は自由奔放に生きた。
17. 険しい坂道に難渋する。
18. 耳鼻咽喉科に通院している。
19. 働きに応じた報酬を得る。
20. レベルの違いに自信を喪失する。
21. 新しい著書を関係者に謹呈した。
22. 繊維質は生野菜から摂取したい。
23. 一刻の猶予も許されない事態だ。
24. 暗がりで突然、殴打された。
25. チームの中核となる選手だ。

26 俳諧は江戸時代に盛んになった。
27 小型の愛玩犬を二匹飼っている。
28 社員の志気の低下を危惧する。
29 幕末の俊傑と知られる人物だ。
30 チームの勝利に貢献する。
31 彼は凡庸な人物ではない。
32 古い時代の砂岩が堆積している。
33 母子をモチーフに塑像を作る。
34 戦争中はここが駐屯地だった。
35 敵に挟撃されて大混乱となる。
36 休日は惰眠を貪りがちだ。
37 その重量は風袋を含めたものだ。
38 旅先での醜態を恥じる。
39 大臣が不正を糾弾された。
40 言葉巧みに懐柔された。

41 教室の床を雑巾で水拭きする。
42 恩師の訃報に接して涙する。
43 今年は慶事が続いている。
44 是非拙宅にお立ち寄りください。
45 彼は文豪の曽孫にあたる。
46 独裁者のように傲然と構える。
47 年末に韓国旅行を予定している。
48 新入社員どうしで親睦をはかる。
49 椎間板ヘルニアの手術を受ける。
50 ちょっとしたことで涙腺が緩む。

ONE Point

「撤する」と「徹する」を間違えない！
「撤する」→取り払う。取り去る。引き揚げる。
（例）陣を撤する。
「徹する」→貫く。染み通る。
（例）脇役に徹した。
動詞で使用しても「撤」「徹」は音読みです。

漢字の読み

ウォーミングアップ 訓読み

1 次の——線の読みをひらがなで、（　）に記せ。

解答は別冊P.4

老
- 1 人は皆いずれ老いる。（　　）
- 2 父は急に老けた。（　　）

柄
- 3 ほうきの柄を握る。（　　）
- 4 花柄の傘をさす。（　　）

凍
- 5 手足が凍える。（　　）
- 6 池の水が凍る。（　　）

稲
- 7 稲刈りをする。（　　）
- 8 稲田にトンボが舞う。（　　）

拭
- 9 涙をそっと拭う。（　　）
- 10 食卓を布巾で拭く。（　　）

臭
- 11 生ごみが臭う。（　　）
- 12 臭い芝居に嫌気がさす。（　　）

覆
- 13 証言を覆す。（　　）
- 14 布で覆いをかける。（　　）

潜
- 15 猫が物陰に潜む。（　　）
- 16 海底に潜る。（　　）

籠
- 17 部屋に籠もっている。（　　）
- 18 インコを鳥籠で飼う。（　　）

漢字の読み

触
- 19 手で触る。
- 20 規則に触れる行為だ。

怠
- 21 毎日の研磨を怠る。
- 22 怠け癖を直す。

競
- 23 互いの技を競い合う。
- 24 市場で競り落とす。

偽
- 25 過去を偽る。
- 26 偽のブランド品だ。

嫌
- 27 注射を嫌がる。
- 28 好き嫌いを直す。

汚
- 29 汚い手を使いたくない。
- 30 汚らわしい考えだ。

初
- 31 新入生は初々しい。
- 32 書き初めをする。

頼
- 33 彼は頼もしい先輩です。
- 34 すぐに人に頼るな。

悔
- 35 失言を悔いる。
- 36 試合に敗れて悔しい。

ONE Point

送りがなに注目して読み分ける その①

複数の訓を持つ漢字には「狭い・狭（せば）まる」「優しい・優（すぐ）れる」「仰（あお）ぐ・仰（おお）せ」のように送りがなで区別できるものもあります。

漢字の読み

訓読み

練習1

解答は別冊P.4

1 次の——線の読みをひらがなで、（　）に記せ。

1. 苦境に負けない強い心を培う。
2. 干潟にすむ生き物を観察する。
3. 塚を築いて慰霊する。 意味 土を高く盛ったもの。墓。
4. 肉と野菜を串刺しにして焼く。
5. 靴墨を塗って艶を出す。
6. 神にざんげをして許しを乞う。
7. 埼玉県北部で農業を営んでいる。
8. 氷で足が滑って尻餅をついた。
9. その湖には多くの鶴が飛来する。
10. 但し書きを見落としてしまう。
11. ナイフの刃先が欠ける。
12. 白んできた暁の空を見上げる。
13. 喉がからからに渇いた。
14. 木に竹を接いだような説明だ。
15. 流感の虞がある。 ヒント 「恐れ」と同じ。
16. 友の死を心から悼む。 ヒント 同訓異字は「痛む」「傷む」。
17. 夢を実現できる才能を欲する。
18. 毎朝、歯を磨く。
19. 悔しさに唇をかむ思いだ。
20. 初孫に産着を用意する。
21. 父に家の建坪を尋ねる。 意味 建物が占める土地の広さ。
22. 高層ビルに光を遮られる。
23. 良い本を友人に薦める。

- 24 期待外れも甚だしい。
- 25 綿から糸を紡ぐ。
- 26 流行語はすぐに廃れる。 ヒント 反対語は、「はやる」。
- 27 死者を手厚く弔う。 意味 亡くなった人の法要を営むこと。
- 28 古民家の棟木の太さに驚く。 意味 家の棟として使う木材。
- 29 難しい問題に挑む。
- 30 一生をかけて罪を償う。
- 31 パンにチーズを挟む。
- 32 霜柱を踏んで歩く。 意味 冬、土中の水分が凍ってできる細い氷の柱。
- 33 彼女の依頼は否めない。 意味 こばむ、ことわる。
- 34 日米間の交渉を調える。 ヒント 同訓異字は、「整える」。書き分けに注意。
- 35 雄大な景色を歌に詠む。
- 36 娘は命を懸けても守り抜く。
- 37 泥縄式の対策で失敗した。

- 38 余った時間は予習に充てる。 意味 「挿し木」=枝や茎を地中に植えて根を出させる。
- 39 庭に挿し木をする。
- 40 偏った考え方を正す。
- 41 寝ぼけ眼で階段を降りては危ない。 ヒント 「血眼」の「眼」と同じ読み。
- 42 尼寺で修行をしている。
- 43 洞穴に子熊が二匹いる。
- 44 格下と侮ったのが失敗だった。
- 45 長いスカートが足に絡みつく。
- 46 きれいな繭玉ができた。
- 47 両親の愛を受けて育まれた子だ。

ONE Point

送りがなに注目して読み分ける その②

送りがなで区別できる複数の訓を持つ漢字は、ほかにも「脅す・脅かす」「滑る・滑らか」「拭く・拭う」などがあります。

漢字の読み 練習2

1 次の——線の読みをひらがなで、（　）に記せ。

1. その旨を先方に伝えた。（　）
2. 薬で痛みが鎮まった。（　）
3. 公園のベンチで老人が憩う。（　）
4. 彼は業界に顔が利く。（　）
5. 畑の畝に苗を植えた。（　）
6. 卑しい心は顔に表れる。（　）
7. 政治家としての操を守る。（　）
8. 子どもを慈しむ姿は美しい。（　）
9. ギターを奏でながら歌う。（　）
10. 二つの町を併せて市になった。（　）
11. 城の堀端を散歩する。（　）
12. 身なりを繕ってから外出する。（　）
13. 弟は専らパソコンに凝っている。（　）
14. ポケットに硬貨を忍ばせる。（　）
15. 祖父は病院で懇ろな看護を受けた。（　）
16. 氏神さまにお神酒を奉る。（　）【難】
17. 机に肘をつくのはやめなさい。（　）
18. 冬には温かい鍋料理が好まれる。（　）
19. 薄紫色の藤の花房が垂れ下がる。（　）
20. 誰か立候補する人はいませんか。（　）
21. 母に鹿の子絞りの羽織を借りる。（　）【注】
22. 日頃の生活態度を反省しなさい。（　）
23. 雲の隙間から青空がのぞく。（　）
24. 庭の柿の実が色づいてきた。（　）
25. 昭和のはやり唄を祖母に教わる。（　）

- 26 故郷の両親に宛てて手紙を書く。
- 27 過去の秘密が暴かれる。
- 28 これだけで必要且つ十分だ。
- 29 美しく装った人が集まった。
- 30 国王に貢ぎ物をする。
- 31 緑滴る季節になった。
- 32 風邪をひいて喉の調子が悪い。
- 33 締め切りが迫り、焦りを感じる。
- 34 不当な要求は拒む。
- 35 芳しい花の香りがする。（難）
- 36 修学旅行先は栃木県の日光だ。
- 37 悪友の戯れに付き合う。
- 38 野良猫にも縄張りがあるらしい。
- 39 書物は私の心の糧となっている。
- 40 食後のデザートに梨を食べる。

- 41 げたの鼻緒をすげ替える。
- 42 春の兆しが感じられる。
- 43 立場が危うくなり前言を翻す。
- 44 少女の頬が寒さで赤く染まる。
- 45 酸いも甘いもかみ分けた人だ。
- 46 新時代への扉を開こう。
- 47 首位を脅かす力があるチームだ。（注）
- 48 本を小脇に抱えている。
- 49 謹んで哀悼の意を表します。
- 50 イヤホンから音が漏れている。

ONE Point

熟語の読み方の原則　その②

「舌鼓（したつづみ）」「面影（おもかげ）」「真綿（まわた）」のように上の字を訓読みすれば、下の字も訓読みするのが原則です。

漢字の読み 訓読み 練習2

2 次の——線の読みをひらがなで、（ ）に記せ。

解答は別冊P.5

1 一番搾りの油で揚げる。
2 生死の瀬戸際に立たされる。
3 問題は一時棚上げにした。
4 聞くに堪えない野次だった。
5 彼は世の中のことに疎い。
6 お祝いの言葉を賜った。
7 周りの人の信用を損なう。
8 控えめだが的を射た意見だ。
9 朗々とした謡に感動する。
10 母の苦労は想像するに難くない。

11 全国大会への出場は本校の誉れだ。
12 小さな子どもが箸を上手に使う。
13 この村には白い鹿の伝説がある。
14 各の自覚に期待する。
15 疲労に因って集中力が鈍る。
16 交渉は大枠で合意した。
17 形見の品に亡き母をしのぶ。
18 泣きっ面に蜂。
19 音楽は人の気持ちを和らげる。
20 麗しい友情が育まれる。
21 漆の木でかぶれてしまった。
22 一つ一つの真実を貴ぶ。
23 事情など彼には知る由もない。
24 アルバイトをして学費を稼ぐ。
25 「右へ倣え」の号令をかける。

26 夏野菜は華やかな彩りだ。
27 友人と酒を酌み交わす。
28 庭の杉の木は樹齢三十年だ。
29 玄関先に石を据える。
30 釜で炊いたご飯はおいしかった。
31 今日は懐が温かい。
32 どうにか責任を免れる。
33 お褒めにあずかり光栄です。
34 心に希望の灯がともる。
35 盆栽の松の枝を矯める。
36 この書簡は候文で書かれている。
37 撮影は夜が更けるまで続いた。
38 仕事の発注を請う。
39 風薫る空にこいのぼりが舞う。
40 真実かどうかは定かでない話だ。

41 枕元の電気をつけて本を読む。
42 タオルから柔軟剤の匂いがする。
43 すき焼きの残りで牛丼を作る。
44 優雅にハープを爪弾いた。
45 藻が足に絡みつき溺れかけた。
46 説教は聞きたくないと耳を塞ぐ。
47 彼らは人気も実力も桁違いだ。
48 鎌を使って庭の草刈りをする。
49 艶のある美しい黒髪が自慢だ。
50 兄の一人称は「俺」だ。

ONE Point

2級の新出配当漢字で、訓のみの字

宛 嵐 茨 唄 岡 俺 柿 釜 鎌 串
熊 桁 乞 駒 頃 埼 鹿 尻 裾 誰
爪 鶴 栃 丼 梨 謎 鍋 匂 虹 箸
膝 肘 頰 枕 弥 闇 脇

漢字の読み

訓読み 練習2

3 次の――線の読みをひらがなで、（　）に記せ。

1. 遊覧船で岬を回った。
2. 春の嵐が満開の桜を散らした。
3. 岡山県名物のきびだんごを食べる。
4. 医者に傷を診てもらう。
5. 毎年、梅を漬けている。
6. 自分の殻を破りたい。
7. 洗剤の白い泡が浮いている。
8. 悪を懲らして善を勧むる。
9. 花散る里に逝く春を惜しむ。
10. 毎食丼飯を三杯かきこむ。
11. 雨上がりの空に虹が架かった。
12. 暗闇で二つの目があやしく光る。
13. パスタにソースを絡める。
14. 温泉旅行で心身を癒やした。
15. 何とか原稿用紙の升目を埋めた。
16. 下山して麓の茶屋で休憩する。
17. 襟を正して先生の話を聞く。
18. 包丁で魚の腹を割く。
19. 忌まわしい思い出は捨てた。
20. 仕事を宵のうちに片づける。
21. あやしい雰囲気を醸す曲だ。
22. 甘言で人を唆すな。
23. 一年は瞬く間に過ぎ去った。
24. 煩わしい仕事も進んで受ける。
25. 恭しくお辞儀をした。

26 猫背を矯正すべく努力している。
27 自らつらい茨の道を選んで進む。
28 ついに戦いの火蓋が切られた。
29 表彰状を筒に入れて持ち帰る。
30 熊が人里に現れて騒ぎになる。
31 指先で優雅にチェスの駒を操る。
32 ペットショップで犬の餌を買う。
33 課長に判断を委ねた。
34 主役に起用された後輩を妬む。
35 その事件には多くの謎が残った。
36 少し運動するだけで膝頭が痛む。
37 彼の話には次々に疑問が湧いた。
38 事故現場に人垣ができている。
39 ドレスの裾を持ち上げて歩く。
40 前例に鑑みて方針を決定した。

41 人ごみに紛れて見えなくなる。
42 どんどん不安に陥った。
43 新しく会社を興す。
44 大波が岩に砕けて散る。
45 不気味な音に鳥肌が立つ。
46 事件を闇から闇に葬る。
47 氷室に氷を蓄えておく。
48 王の死に国中の民が喪に服した。
49 穏やかな浦風が吹く丘だ。
50 役員は重要な責任を担っている。

ONE Point

同訓異字「うつ」の使い分け

討つ→たおす。攻め滅ぼす。
　（例）賊を討つ。
撃つ→矢や弾をうって当てる。
　（例）大砲を撃つ。

漢字の読み
特別な読み
ウォーミングアップ

1 次の――線の読みをひらがなで、（　）に記せ。

1. 神楽を奉納する。
2. 神々しいお姿を見る。
3. 神主のおはらいを受ける。
4. 神前にお神酒を供える。
5. 母家で祖母が寝ている。
6. 彼女は母方の伯母さんです。
7. 武家の子は乳母に育てられる。
8. 苦手な食べ物は納豆だ。
9. 鍋で小豆を煮る。
10. 大豆はみその原料だ。

2 次の――線の読みをひらがなで、（　）に記せ。（＊は特別な読み）

1. 野良仕事に精を出す。＊
2. 良縁に恵まれる。
3. 雪崩に注意する。＊
4. 山崩れで通行止めになる。
5. 祝詞をあげる。＊
6. 祝辞を述べる。
7. 上司に仲人を願う。＊
8. 仲介を依頼する。
9. 相撲の稽古を見学する。＊
10. ご相伴にあずかる。

特別な読み

練習 1

1 次の――線の読みをひらがなで、（　）に記せ。

1. 例年より早い梅雨入りだ。
2. 昔の人は行火で暖をとった。
   意味「老若男女」＝年齢・性別に関係なく全ての人。
3. 老若男女が楽しめるゲームだ。
4. 今日はいい日和ですね。
5. これは国宝級の太刀だ。
6. 帽子を目深にかぶる。
7. 数寄屋橋は映画で有名になった。
   ヒント「数奇屋」とも書く。
8. 彼は壮絶な最期を遂げた。
9. 居留守を使うとは失礼だ。
10. 寄席で落語を聞く。
11. 十日間の断食修行に参加する。
12. 仁王門の前で写真を撮る。

13. 一週間分の献立表を作る。
14. 日本庭園には築山が付き物だ。
15. のんびりと物見遊山に出掛ける。
16. 浮気せずに一つの銘柄にこだわる。
17. 和服のときは足袋を履く。
18. 糸を手繰って魚を引き上げた。
19. 記号の意味を凡例で調べる。
20. 今の勝負は八百長臭い。
21. やっと願いが成就した。
22. 彼の行方は今もわからない。
23. その件は社長の言質を取っている。
   意味 後で証拠となる言葉。
24. 寂として声を立てる者はいない。
   意味「寂として」＝ひっそりとして。

ONE Point

漢字の特別な読み方
常用漢字表に掲載される音訓の中には、特別なものや、用法が狭いとされる読み方があり、本書ではこれらと常用漢字表の「付表」の語を「特別な読み」として扱っています。

漢字の読み

特別な読み

練習 2

1 次の——線の読みをひらがなで、（　）に記せ。

1. 謀反の嫌疑を掛けられる。
2. 由緒ある茶室を拝見する。
3. 朝夕、読経の声が聞こえる。
4. 桟敷席で芝居を見物する。
5. 夢は虚空に舞って散っていった。
6. 僧が全国行脚を続けている。
7. 温泉街を浴衣で歩く。
8. 摂政は天皇に代わり政務を執る。
9. 宴会で仕事の話は御法度です。
10. 除夜の鐘で煩悩を除く。
11. 数珠を持って法事に出掛ける。
12. 春の息吹を感じる。
13. 網には雑魚ばかりがかかった。
14. 修行僧の勤行の声が響く。
15. 師走は毎年忙しくしている。
16. 桃山時代に建立された寺だ。
17. 道場では猛者が稽古している。
18. 緑青は絵の具の原料になる。
19. 従容として事にあたる。
20. 赤字を臨時収入で相殺する。
21. 夏至は例年六月二十二日頃だ。
22. この寺の庫裏は重要文化財だ。
23. 祭りでわら草履を履く。
24. 弥生は三月の別称の一つだ。
25. 町の大通りを山車が行く。
26. 海女が海岸でたき火をしている。

- 27 回向して先祖の霊をまつる。
- 28 伝馬船の寄港地として栄えた町だ。
- 29 師の衣鉢が受け継がれた。
- 30 律儀に挨拶して回る。
- 31 ジプシーは流浪の民といわれる。
- 32 温泉は硫黄のにおいがした。
- 33 魚河岸とは魚市場のことだ。
- 34 疫病神と罵られる。
- 35 聞きしに勝る荘厳な滝だ。
- 36 困っている人に功徳を施す。
- 37 脚立に乗って電球を替える。
- 38 娘が稚児行列に参加する。
- 39 材料不足を懸念している。
- 40 霊験あらたかなご神水だ。
- 41 恥ずかしくて顔が火照った。
- 42 蚊帳で虫よけをする。
- 43 兄の料理の腕は玄人はだしだ。
- 44 とうとう犯人の尻尾をつかんだ。
- 45 素人ばかりの合唱団ができた。
- 46 投網で小魚を捕った。
- 47 刀エが鍛冶場で作業をしている。
- 48 凸凹の道を四輪駆動車で走る。
- 49 選挙の結果を固唾をのんで見守る。
- 50 久遠の理想郷を描いた絵だ。

ONE Point

次の熟語を二通りの読み方で読んでみよう!

① 梅雨　② 紅葉　③ 老舗

① つゆ・ばいう
② もみじ・こうよう
③ しにせ・ろうほ

漢字の読み

1 同字の音訓
ウォーミングアップ

次の漢字はそれぞれ音読みと訓読みをする。——線の読みをひらがなで、（　）に記せ。

栄
1. 虚栄
2. 栄えある伝統

染
3. 染色体
4. 染みる

鈴
5. 土鈴
6. 鈴虫

患
7. 患者
8. 患う

統
9. 大統領
10. 統べる

蓋
11. 天蓋
12. 瓶の蓋

担
13. 担任
14. 担ぐ

愁
15. 愁嘆
16. 愁い

軟
17. 軟弱
18. 軟らかい

	拙		彩		粋		障		若
19 稚拙	20 拙い	21 色彩	22 彩る	23 純粋	24 小粋な着物	25 障害	26 障る	27 若干	28 若しくは

	過		柳		捜		井
29 超過	30 過ち	31 川柳	32 柳	33 捜査	34 捜す	35 市井	36 井戸

> **ONE Point**
> 中国の発音をまねたのが音、さて訓は?
> 漢字の訓は、漢字の持つ意味と、日本古来の言葉とが関連づけられた読み方です。

漢字の読み

同字の音訓 練習1

解答は別冊P.7

1 次の――線の読みをひらがなで、（　）に記せ。

1. 敵の進撃を阻止する。
2. 敵の侵入を阻む。
3. 不動産の売買契約をする。
4. 彼とは固い契りを結んだ仲だ。
5. 緩急自在に球を投げ分ける。 _{意味} 遅いことと速いこと。
6. 緊張を緩めて深呼吸する。
7. 刑事裁判を傍聴する。
8. 母の傍らで子どもが遊ぶ。
9. 台風で甚大な被害が出た。 _{意味} たいへん・非常に。
10. 歩きたばこは甚だ迷惑だ。

11. 醸造所の見学をする。 _{意味} 微生物の発酵を利用して酒・しょう油・みそなどを造ること。
12. 失言が物議を醸した。
13. 罪人にも慈悲をかける。 _{ヒント} 「慈」を使った熟語に「慈愛」がある。
14. 子どもを慈しみ育てる。
15. 既成の概念にとらわれるな。
16. 父は既に出発していた。
17. ご逝去を悼み申し上げます。 _{ヒント} 行って再び帰ってこないものには「逝」を使う。
18. 逝く春を惜しんで句を詠む。
19. 不審な話に渋面を作る。
20. このお茶は渋い。
21. 王のもとに伺候する。 _{意味} 貴人のそばで奉仕すること。
22. 社長の意向を伺った。

- 23 葛根湯は風邪に効くとされる。
- 24 葛湯には体を温める効能がある。
- 25 決勝戦は僅差の勝負となった。
- 26 僅かばかりの蓄えが底をついた。
- 27 ピアノの鍵盤に指を走らせる。
- 28 厳重に鍵をかけて保管する。
- 29 庭の木の実が野鳥の好餌となる。
- 30 水牛がライオンの餌食となった。
- 31 相手からの申し出を一蹴する。 [意味] すげなく拒絶すること。
- 32 地面を強く蹴って跳び上がる。
- 33 立て籠もった凶悪犯を狙撃する。
- 34 狙った獲物は決して逃さない。

- 35 仰天して腰をぬかす。 [意味] 非常に驚くこと。
- 36 仰せの通りです。
- 37 彼は潔く謝った。
- 38 母は潔癖な人だ。
- 39 意思の疎通を図る。
- 40 流行に疎いがセンスはある。
- 41 各派の領袖が一堂に会する。 [意味] 主となる人物。
- 42 綿の半袖シャツを愛用している。

ONE Point

「音」のみ、または「訓」だけの漢字の数は？
常用漢字二一三六字中、「音」のみの漢字は八一八字、「訓」のみの漢字は七七字と、「訓」のみの漢字が少ない割合になっています。

漢字の読み

同字の音訓 練習 1

2 次の——線の読みをひらがなで、（　）に記せ。

1. 彼らは中国拳法の達人だ。（　）
2. 負けるものかと拳を握りしめる。（　）
3. 過度の痩身は健康に害を及ぼす。（　）
4. 痩せる思いで合否の通知を待つ。（　）
5. 留学が決まり羨望の的となる。（　）
6. ビジネスで成功した友人を羨む。（　）
7. すべての生命に畏敬の念を抱く。（　）
8. 神をも畏れぬ行為に震え上がる。（　）
9. 顎関節に痛みを感じて受診する。（　）
10. 顎に手をあてて考え事をする。（　）

11. 乱世で町が荒廃する。（　）
12. 服装ははやり廃りが激しい。（　）
13. 頒価はかなり安くなっている。（　） 〈意味　分け与える時の値段。〉
14. 商品に価をつける。（　）
15. 大手メーカーの牙城を切り崩す。（　）
16. ライオンが牙をむいている。（　）
17. 友人と内緒話をする。（　）
18. げたの緒が切れた。（　）
19. バレエの華麗な演技を見る。（　）
20. 麗しい友情を描いた小説だ。（　）
21. 贈賄の容疑をかけられる。（　）
22. この店で大抵のものは賄える。（　）

23 秋涼の宵、月見をする。
24 涼しい風に当たる。
25 絞首刑は減少の傾向にある。
26 絞り染めの着物を着る。
27 和太鼓の海外公演が行われた。
28 幼い頃から鼓の稽古をした。
29 工場は年末まで稼動している。
30 店の稼ぎ頭として精を出す。
31 とうとう窮地に追い込まれた。　意味 苦境。苦しい立場。
32 進退窮まって辞職する。
33 彼は少々狭量だ。
34 狭い部屋だが住めば都だ。

35 今日は尋常でない暑さだ。
36 常夏の島、ハワイに旅行する。
37 覚えのない醜聞を流される。　意味 聞き苦しいうわさ、スキャンダル。
38 うそは心を醜くする。
39 議論が沸騰して収拾がつかない。
40 大歓声が沸き上がる。
41 「出藍の誉れ」とたたえられた。　意味 「出藍の誉れ」＝弟子が師より優れること。
42 藍染めのハンカチを父に贈る。

ONE Point

熟語の読みの少数派　その①　「重箱読み」

「額縁」「歩合」などのように、上の字を音読みし、下の字を訓読みする読み方を「重箱読み」といいます。

漢字の読み
同字の音訓 練習1

解答は別冊P.7

3 次の――線の読みをひらがなで、（　）に記せ。

1. 雨水が土に浸透する。
2. 手足を湯に浸す。
3. 挑発的な発言は慎むべきだ。
4. 今シーズン初めて冬山に挑む。
5. 四輪駆動車を購入する。
6. 市民駅伝で二区を駆ける。[ヒント]「駆」の音符は「区」。
7. 資源の枯渇が心配だ。[意味]干し上がってなくなること。
8. 旅行中に鉢植えが枯れた。
9. 責任を他人に転嫁するな。
10. 友人が離島に嫁ぐ。
11. 犬の嗅覚は非常に優れている。
12. ワインを飲む前に香りを嗅ぐ。
13. 悪事の痕跡を消すことは難しい。
14. 戦争の爪痕は各地に残っている。
15. 魔女が怪しげな呪文を唱えた。[意味]まじない。
16. 世間を呪うのは逆恨みだ。
17. 契約書に収入印紙を貼付する。
18. 部屋の壁に歌手の写真を貼る。
19. 賭博は法律で禁止されている。[意味]ばくち。
20. 全財産を賭けた大勝負だ。
21. 大勢の観客を前に萎縮する。[意味]元気がなくなること。
22. 努力が報われず気持ちが萎える。

23 恒久平和を渇望する。
  意味 心から強くのぞむこと。
24 生活に渇きを覚える。
25 首謀者は国外に逃亡した。
  ヒント 「主謀」とも書き、中心となって悪事をはたらくことの意。
26 謀りごとに巻き込まれる。
27 排水溝の清掃をする。
28 二人の間に溝ができる。
29 起業には潤沢な資金が必要だ。
30 母の手紙に瞳が潤む。
31 模倣は一概に悪いといえない。
32 兄のやり方に倣う。
33 清澄な月が輝いている。
34 澄んだ笛の音が聞こえる。
35 レーダーで敵機を捕捉する。
  意味 つかまえること。
36 顔の特徴をよく捉えた人物画だ。
37 敗戦相手が自嘲気味に笑う。
38 嘲りの声を浴びせられた。
39 ヤギの瞳孔は横に細長い。
40 少年は計画を聞き瞳を輝かせた。
41 嫉妬にかられて苦しむ。
42 人の幸せを妬んでも仕方ない。

ONE Point

熟語の読みの少数派 その② 「湯桶読み」

「結納(ゆいノウ)」「敷布(しきフ)」「端数(はスウ)」などのように、下の字を音読みする読み方を「湯桶読み」といいます。

漢字の読み／漢字の部首／熟語の理解／対義語・類義語／四字熟語／送りがな／同音・同訓異字／書き取り

漢字の読み

同字の音訓 練習 2

1 次の──線の読みをひらがなで、（　）に記せ。

1. 庭の一隅に植え込みがある。
2. ほこりが部屋の隅にたまる。
3. 経済恐慌で失業者が急増した。
4. 慌ただしい毎日を過ごす。
5. 薬に拒絶反応を起こす。
6. 度々の申し出を拒む。
7. 旅の感懐を日記にしたためる。（注）
8. 彼は犬に懐かれやすい。
9. 先発投手を粉砕する。
10. 細かく氷を砕く。

11. 忌中の訪問は控える。
12. 不吉なことと忌み嫌う。
13. サケの群れが川を遡上する。
14. 不和の原因は三年前の春に遡る。
15. それは唾棄すべき愚かな行為だ。
16. 心霊写真は眉唾物だと考える。（注）
17. 画家の諦観の境地を表す絵だ。
18. 資金不足で海外留学を諦める。
19. 攻撃的で立身出世に貪欲な男だ。
20. 二日ぶりの食事を貪り食う。（注）
21. 競技会への出場資格を剝奪する。
22. 化けの皮が剝がれる。
23. 主人公の少年が妖怪を退治する。
24. 妖しい輝きで人を惑わす宝石だ。

25 姉は小学校の教諭になった。
26 親が我が子を諭す。
27 著名人が淫行で逮捕される。
28 若者の淫らな服装を戒める。
29 祖父は古美術に通暁している。
30 成功の暁には祝宴を催したい。
31 家族への侮辱は許さない。
32 敵を侮ってはいけない。
33 斬殺シーンは修正されたそうだ。
34 政治と金の問題に鋭く斬り込む。
35 茶道の秘奥を極める。
36 通帳をたんすの奥に隠す。
37 船が蛇行するように川を下る。
38 蛇を怖がる人が多い。

39 思わぬ晩霜で苗が枯れた。
40 真っ白な霜が降りた。
41 彼の態度に憤慨する。
42 不誠実な対応に憤る。
43 外国の推理小説を翻訳する。
44 身勝手にも前言を翻した。
45 戦争で全てが焦土と化した。
46 焦りが事故につながった。
47 端正な顔立ちに思わず見とれる。
48 新旧交代の時期を端境期という。

ONE Point

意味の分け目は音か訓!

「内面(ナイメン)」「片言(ヘンゲン)」
「内面(うちづら)」「片言(かたこと)」などのように、音で読むか訓で読むかで意味が違ってくる熟語があります。文脈に注意しましょう。

漢字の読み

2 同字の音訓 練習 2

次の──線の読みをひらがなで、（　）に記せ。

1. 台風で傷んだ屋根を修繕する。
2. 洋服の綻びを繕う。
3. 規則違反で懲戒処分を受ける。
4. 度重なる失敗にすっかり懲りた。
5. 担当する仕事が変わった。
6. 重大な責任を担う。
7. 今も飢餓にあえぐ地域がある。
8. 人の愛に飢えた幼少期だった。
9. 繭糸で織った着物は高級だ。【難】
10. 白い繭に色をつける。

11. 入社前に誓約書を書いた。
12. 誓いは守り通す覚悟だ。
13. 巨大組織が内部から瓦解する。
14. 瓦屋根の住宅が連なる。
15. 台風で無惨にも家が全壊した。
16. 惨めな敗北を喫する。
17. 大会社の傘下に入る。
18. 電車に傘を忘れてしまった。
19. 国会召集の詔書が公示された。
20. 大仏建立の詔が発せられた。【難】
21. 殊勝な心掛けだと褒められる。
22. 殊更声高に意見を述べた。【注】
23. 苦汁をなめた。
24. 茶店で汁粉を注文する。

漢字の読み

- 25 断崖の上に立つホテルに泊まる。
- 26 切り立つ崖をヤギが駆け上がる。
- 27 鉄棒から落ちて肩を脱臼した。
- 28 穀物を石臼でひいて製粉する。
- 29 家族そろって祖父の墓に詣でる。
- 30 神社に参詣する人でごった返す。
- 31 猛虎のごとく荒々しい若者だ。
- 32 野生の虎は年々減少している。
- 33 食道にできた良性の腫瘍をとる。
- 34 打撲した足が腫れた。
- 35 我が家では煎茶を好んで飲む。
- 36 節分には毎年煎り豆を作る。
- 37 夏の早朝の散歩は気分爽快だ。
- 38 花々が爽やかな秋風に揺れる。

- 39 人権問題で諮問する。
- 40 予算案を本会議に諮る。
- 41 不作で米が市場から払底した。
- 42 小切手で代金を支払う。
- 43 この高台は眺望が良い。
- 44 船上から水平線を眺める。
- 45 申し込み手続きが煩雑だ。
- 46 お手を煩わせて申し訳ない。
- 47 俗臭が感じられる人だ。
- 48 たばこ臭いので窓を開けた。

ONE Point

音訓どちらで読んでも意味は同じ！

「表裏（おもてうら／ヒョウリ）」「山陰（やまかげ／サンイン）」「傷痕（きずあと／ショウコン）」などのように、音訓の読み方に関係なく、全く同じ意味を表す熟語があります。

漢字の読み
同字の音訓 練習2

3 次の――線の読みをひらがなで、（ ）に記せ。

1 ストレスで胃に潰瘍ができる。
2 ペットボトルを潰して捨てる。
3 老朽化した道路に亀裂が入った。
4 百年以上生きる亀がいるらしい。
5 錦秋の候、いかがお過ごしですか。
6 錦絵は多色刷りの版画である。
7 股関節のストレッチを毎日行う。
8 彼はよく大股でつかつかと歩く。
9 遅刻した部下を厳しく叱責する。
10 頭ごなしに叱ってはいけない。

11 貴族の生活に憧憬の念を抱く。
12 自然の多い田舎暮らしに憧れる。
13 エンジンに欠陥が見つかった。
14 敵をうまく陥れた。
15 ビルの礎を打ち込む。
16 サッカーの基礎練習をする。
17 高等裁判所に控訴する。
18 脂肪分を控えた食事をとる。
19 事故の報に憂色を隠せない。
20 飲み会で日頃の憂さを晴らす。
21 彼は秀抜な批評眼の持ち主だ。
22 一芸に秀でた人物が結集する。
23 自分を卑下する必要はない。
24 卑しい心を見抜かれた。

25 降雪のため道路が遮断される。
26 カーテンで光を遮る。
27 外科病棟に入院する。
28 棟上げ式を盛大に行う。
29 城主は暴虐の限りを尽くした。
30 捕虜として虐げられた。
31 教師と保護者が懇談する。
32 遠来の客を懇ろにもてなす。
33 代々窯業を営んでいる。
34 清水焼の窯元を訪ねる。
35 屈辱をばねに努力を続けた。
36 公衆の面前で辱めを受けた。
37 充実した生活を送りたい。
38 残金は図書の購入費に充てる。

39 家計が破綻しないよう節約する。
40 梅のつぼみが綻びはじめる。
41 社長は一人娘を溺愛している。
42 酒に溺れて身を持ち崩した。
43 聴衆が市長に罵声を浴びせた。
44 若者たちが罵り合う声を聞いた。
45 その行いは軽蔑に値するだろう。
46 人を蔑むような発言が目立つ。
47 身勝手な人の言動に翻弄される。
48 所在なさそうに髪の毛を弄ぶ。

ONE Point

読み問題を得意分野にしたい！
間違えた問題で、熟語の意味を知らない場合は、辞書で調べて熟語の意味や漢字の字義を理解するよう心掛けましょう。

漢字の部首

おもしろゼミ 02 漢字の意味を表すパーツ

「夕べ」見た「夢」は？

「夢」という字には「くさ・よん・わ・ゆう」という覚え方があります。「夢」を上から四つに分解してパーツをいうもので「くさ」は「くさかんむり」、「よん」は「四」、「わ」は「わかんむり」、そして「ゆう」は「夕」です。

では、この四つのうち、「夢」の部首はどれでしょうか。

部首？ 艹 四 ワ 夕

「部首」って何？

「部首」とは、漢字をその意味や字画構成の上から分類・配列し、ある成部分をいいます。ひとまとまり(部)として捉えた時、それらの漢字に共通する基本的な構

例えば、「闇・閥・閑・閲」という組み立てで、門に関する「門(もんがまえ)」という部首を持つ漢字でも、「聞」は「耳(きく)＋門(音符)」です。しかし、同じ「門」を持つ漢字でも、字義は「耳」に重きを置かれるため、部首は「耳(みみ)」となります。

このように、部首は漢字の意味を表すことが多々あります。ですから、「夢」の部首は「艹(くさかんむり)」でも「冖(わかんむり)」でもなく、三

■ 間違えやすい部首の漢字

部首	例
、 てん	主 丹 丼
ノ のはらいぼう	乗 久
人 ひと	以
入 いる	内 全
ハ は	具
冫 にすい	冬
几 つくえ	処 凡
凵 うけばこ	出
刀 かたな	分 初
刂 りっとう	前 利 則
力 ちから	勝 功 労 務 募 勲
匕 ひ	化
卩 わりふ ふしづくり	巻
ム む	去
又 また	取 反 及
口 くち	合 同 命 問 和 喜 周 句 唐
土 つち	堂 墓 圧 垂 墨 塁 塞
士 さむらい	売 壱
夕 ゆうべ	夜 夢
大 だい	天 夫 奮 奈
子 こ	学 字 季 孝
寸 すん	寺 将
尚 しょう	尚
尸 かばね しかばね	局
巛 かわ	巡
巾 はば	席 常 幕

部首一覧

部首を画数順に並べ、その下に漢字の中で占める位置によって形が変化するもの、特別な部首名のものを分類しています。

部首は字形から一概に判断できませんので「夕べ見た夢」など、漢字と部首をつなげて覚える工夫をすると良いかもしれません。

「部」や「部首」は研究者が便宜的に定めたものであり、その選び方や分類の仕方はさまざまです。今日の日本の漢和辞典の大部分は、中国・清代の『康熙字典（こうきじてん）』の部立てによっており、漢検も基本的にこれに即していますが、辞典によって部首や部首名が異なる場合があります。字形を重視するか、意味や成り立ちを重視するかによって分類が異なるためですが、これは編者（研究者）の考え方の違いです。どの考えが正しく、どれが誤っているということではありません。ただし「日本漢字能力検定」に限っては、漢検の定める部首で解答してください。

部首位置	名称
偏（へん）	□▪
旁（つくり）	▪□
冠（かんむり）	▀□
脚（あし）	□▄
垂（たれ）	▛□
繞（にょう）	◣□
構（かまえ）	▢ □◰ □▣

一画

	1	2	3	4	5
部首	一	丨	丶	丿	乙
名称	いち	たてぼう	てん	のはらいぼう	おつ

二画

	6	7	8	9
部首	亅	二	亠	人／イ
名称	はねぼう	に	なべぶた けいさんかんむり	ひと／にんべん

	10	11	12	13	14
部首	入	儿	八	冂	冖
名称	いる	ひとあし にんにょう	は	どうがまえ けいがまえ まきがまえ	わかんむり

玄 げん	牛 うしへん	火 ひ	氵 さんずい	夕 ゆうべ	止 とめる	欠 あくび かける	木 き	日 ひ	斤 おのづくり	斗 とます	攵 のぶん ぼくづくり	文 ぶん	手 て	小 したごころ	心 こころ	幺 よう いとがしら	干 かん いちじゅう
率	牧	炭灰	準	死	歴	次	栄案条栽	昼暮旬暦	斬	料	放敗攻	斑	挙撃	慕	愛応憲恥 慮憂慶	幽	幸幹

豕 いぶたのこ	言 げん	見 みる	衣 ころも	艹 くさかんむり	舌 した	臼 うす	虫 むし	至 いたる	肉 にく	聿 ふでづくり	耳 みみ	糸 いと	立 たつ	禾 のぎへん	目 め	疋 ひき	田 た
豚	誉謄	覚視	裁	蒸	舎舗	興	蜜	致	育胃背能 肩膚腐	粛	聞聖	累繭	章	穀	直真相	疑	男画畑申 由甲畿

三画

32	31	30	29	28	27	26	25	24	23	22	21	20	19	18	17	16	15
【土】	【口】	【口】	【又】	【ム】	【厂】	【卩】	【卜】	【十】	【匚】	【匸】	【ヒ】	【勹】	【力】	【刀】	【冂】	【几】	【冫】
土	口	口	又	ム	厂	卩	卜	十	匚	匸	ヒ	勹	力	刀	冂	几	冫
つちへん	くにがまえ	くちへん	また	む	がんだれ	わりふ／ふしづくり	わりふ／ふしづくり	うらない	じゅう	かくしがまえ	はこがまえ	ひ	つつみがまえ	ちから	りっとう	かたな	うけばこ	つくえ	にすい

49	48	47	46	45	44	43	42	41	40	39	38	37	36	35	34	33
【巾】	【己】	【工】	【川】	【山】	【屮】	【尸】	【尢】	【小】	【寸】	【宀】	【子】	【女】	【大】	【夕】	【夂】	【士】
巾	己	工	巛	山	中	尸	尢	小	寸	宀	子	女	大	夕	夂	士
はば	おのれ	たくみへん	かわ	やまへん	やま	てつ	かばね／しかばね	だいのまげあし	しょう	すん	うかんむり	こへん	おんな	おんな	だい	ゆうべ	すいにょう／ふゆがしら	さむらい

四画

64	63	62	61	60	59	58	57	56	55	54	53	52	51	50	49
【手】	【戸】	【戈】	【心】	【灬】	【彳】	【彡】	【ヨ】	【弓】	【弋】	【廾】	【廴】	【广】	【幺】	【干】	【巾】
手	戸	戈	小	忄	心	灬	彳	彡	彐	弓	弋	廾	廴	广	幺	干	巾
て	とだれ／とかんむり	ほこ	ほこがまえ	したごころ	りっしんべん	こころ	つかんむり	ぎょうにんべん	さんづくり	けいがしら	ゆみ	ゆみへん	しきがまえ	にじゅうあし	えんにょう	まだれ	いとがしら	いちじゅう	はばへん／きんべん

補足:
- 阝(右) → 邑
- 阝(左) → 阜
- 犭 → 犬
- 艹 → 艸
- 辶 → 辵
- 氵 → 水

■ 部首の意味の例

偏（へん）

部首（部首名）	意味
冫 にすい	氷の表面の筋目の形・冷たい
巾 はばへん／きんべん	垂れた布のきれ
忄 りっしんべん	心の動きや働き
氵 さんずい	水が流れる様子
禾 のぎへん	イネや穀物
貝 かいへん	お金や財産

旁（つくり）

刂 りっとう	刀やその働き
彡 さんづくり	美しい模様や飾り

貝 かい	こがい
赤 あか	
車 くるま	
辛 からい	
酉 ひよみのとり	
里 さと	

買	賞	貞	貢
赦			
軍	載		
辞			
酒			
重	量		

隹 ふるとり	集	雇	隻
頁 おおがい	項	須	
食 しょく	養		
馬 うま	騰		
鳥 とり	鳴		
黒 くろ	黙		

No.	81	80	79	78	77	76	75	74	73	72	71	70	69	68	67	66	65	64
部首	毛	比	母	殳	歹	止	欠	木	月	月	日	日	方	方	斤	斤	斗	文	攵	支	扌
形	毛	比	母	殳	歹	止	欠	木	月	月	日	日	方	方	斤	斤	斗	文	攵	支	扌
読み	け	ならびひ	なかれ	ほこづくり	かばねへん・いちたへん	とめる	あくび・かける	きへん	き	つきへん	つき	ひらび・いわく	ひ	かたへん・ほうへん	ほう	おのづくり	きん	とます	ぶん	ぼくづくり・のぶん	し	てへん

No.	93	92			91	90	89	88	87	86		85		84	83	82
部首	玉	玄	五画	王・𤣩→玉 爫→老 辶→辵	犬	牛	牙	片	父	爪		火		水	气	氏
形	玉	玄			犭	犭	牛	牛	牙	片	片	父	爫	爪	灬	火	氵	水	气	氏
読み	たま	げん			けものへん	いぬ	うしへん	うし	きば	かたへん	かた	ちち	つめかんむり・つめがしら	つめ	れっか・れんが	ひ	さんずい	したみず	みず	きがまえ	うじ

No.	109	108	107	106	105	104	103	102	101	100	99	98	97	96	95	94	93
部首	石	无	矢	矛	目	皿	皮	白	癶	广	疋	田	用	生	甘	瓦	玉
形	石	无	矢	矛	目	皿	皮	白	癶	广	疋	田	用	生	甘	瓦	王
読み	いしへん	いし	やへん	や・ほこ	めへん	さら	けがわ	しろ	はつがしら	やまいだれ	ひき	たへん	た	もちいる	うまれる	あまい	かわら	おうへん・たまへん	おう

行 ぎょうがまえ・ゆきがまえ 口口 歩く・道を行く

口 くにがまえ 口 周りを囲んだ形

構(かまえ) 口口口

廴 えんにょう 歩く・進む

辶 しんにょう・しんにゅう 道を行く

続(にょう) ⌞

广 まだれ 屋根・建物

厂 がんだれ 切り立った崖

垂(たれ) ⌐

小 したごころ 心の動きや働き

灬 れんが・れっか 火・燃え上がる炎

脚(あし) ▭

雨 あめかんむり 雨や雨降りの様子

耂 おいかんむり・おいがしら つえを突いた年寄り

宀 うかんむり 家や屋根・覆う

冠(かんむり) ▭

頁 おおがい 人の姿や人の頭

殳 るまた・ほこづくり 人を殴る・打つ

123	122	121	120	119	118	117	116	115	114		113	112	111	110
〖耒〗	〖而〗	〖老〗	〖羽〗	〖羊〗	〖网〗	〖缶〗	〖糸〗	〖米〗	〖竹〗	六画	〖立〗	〖穴〗	〖禾〗	〖示〗
耒	而	耂	羽	羊	罒	缶	糸	米	竹	氺→水 皿→网 ネ→衣	立	穴	禾	ネ
らいすき すきへん	しかして しこうして	おいかんむり おいがしら	はね	ひつじ	あみめ あみがしら よこめ	ほとぎ	いと いとへん	こめ こめへん	たけ たけかんむり		たつ たつへん	あな あなかんむり	のぎ のぎへん	しめす しめすへん

140	139	138	137	136	135	134	133	132	131	130	129	128	127	126	125	124
〖西〗	〖衣〗	〖行〗	〖血〗	〖虫〗	〖虍〗	〖艸〗	〖色〗	〖艮〗	〖舟〗	〖舌〗	〖臼〗	〖至〗	〖自〗	〖肉〗	〖聿〗	〖耳〗
西	ネ	衣	行	行	血	虫	虫	虍	艹	色	艮	舟	舌	臼	至	自	月	肉	聿	耳
にし	ころも ころもへん	ころも	ぎょう ぎょうがまえ	ゆきがまえ	ち	むし むしへん	とらかんむり とらがしら	くさかんむり	いろ	ねづくり こんづくり	ふね ふねへん	した	うす	いたる	にくづき	にく	ふでづくり	みみ みみへん

155	154	153	152	151	150	149	148	147	146	145	144	143	142	141		140
〖辛〗	〖車〗	〖身〗	〖足〗	〖走〗	〖赤〗	〖貝〗	〖豸〗	〖豕〗	〖豆〗	〖谷〗	〖言〗	〖角〗	〖臣〗	〖見〗	七画	〖西〗
辛	車	車	身	足	走	走	赤	貝	貝	豸	豕	豆	谷	言	言	角	角	臣	見		襾
からい	くるま	くるまへん	み	あし あしへん	はしる	そうにょう	あか	かい かいへん	むじなへん	いのこ ぶた	まめ	たに	げん ごんべん	つの つのへん	かく しん	みる	おおいかんむり

まぎらわしい部首

① 阝（おおざと）と 阝（こざとへん）

● 阝（おおざと）…那・邸・郭・郊 など
もとは「邑（むら）」で、人が住む場所を表し、「おおざと」は「大きな村里」を意味しています。「阝」は「邑」が旁になったときの省略された形です。

● 阝（こざとへん）…隙・阪・陥・隅 など
もとは「阜（おか）」で、土を積み重ねた高い土地という意味を表しました。「阝」は「阜」が偏になったときの省略された形で、「おおざと」に対して「こざとへん」といわれます。

② 位置によって形や呼び名が変わるもの

人	水	心	火	手	示	衣
イ	氵	忄	火	扌	ネ	ネ
人	氺	小	灬	手	示	衣
にんべん	さんずい	りっしんべん	れんが・れっか	てへん	しめすへん	ころもへん
ひとやね	したみず	したごころ	ひへん		しめす	ころも
俺・僅・傲	溺・傘・湧・沁	惧・憧・憬	煩・炊・煙	挫・捉・捗	祭・票・禁	袖・裾・襟
など	など	など	など	など	など	など
拳・摯・掌	泰	恭・慕	焦・煮・烈		禅	哀・褒・裂
など	など	など	など		など	など

56

番号	部首	字形	読み
156	〔辰〕	辰	しんのたつ
157	〔辶〕	辶	しんにょう・しんにゅう
158	〔邑〕	阝	おおざと
159	〔酉〕	酉	ひよみのとり・とりへん
160	〔釆〕	釆	のごめ・のごめへん
161	〔里〕	里	さと・さとへん
162	〔舛〕	舛	まいあし
163	〔麦〕	麦	むぎ
	八画		
164	〔金〕	金	かね・かねへん
165	〔長〕	長	ながい
166	〔門〕	門	もん・もんがまえ
167	〔阜〕	阝	おか・こざとへん
168	〔隶〕	隶	れいづくり
169	〔隹〕	隹	ふるとり

※注 常用漢字表では「辶」は「遡・遜」、「飠」は「餌・餅」のみに適用。

番号	部首	字形	読み
170	〔雨〕	雨	あめ・あめかんむり
171	〔青〕	青	あお
172	〔非〕	非	あらず
173	〔斉〕	斉	せい
	九画		
174	〔面〕	面	めん
175	〔革〕	革	かわ・かくのかわ・つくりがわ
176	〔音〕	音	おと
177	〔頁〕	頁	おおがい
178	〔風〕	風	かぜ
179	〔飛〕	飛	とぶ
180	〔食〕	食・飠	しょく・しょくへん
181	〔首〕	首	くび
182	〔香〕	香	かおり
	十画		
183	〔馬〕	馬	うま・うまへん
184	〔骨〕	骨	ほね

番号	部首	字形	読み
185	〔高〕	高	たかい
186	〔髟〕	髟	かみがしら
187	〔鬯〕	鬯	ちょう
188	〔鬼〕	鬼	おに
189	〔韋〕	韋	きにょう
190	〔竜〕	竜	りゅう
	十一画		
191	〔魚〕	魚	うお・うおへん
192	〔鳥〕	鳥	とり
193	〔鹿〕	鹿	しか
194	〔麻〕	麻	あさ
195	〔黄〕	黄	き
196	〔黒〕	黒	くろ
197	〔亀〕	亀	かめ
	十二画		
198	〔歯〕	歯	は・はへん
	十三画		
199	〔鼓〕	鼓	つづみ
	十四画		
200	〔鼻〕	鼻	はな

■「月」の部首について

「月」の形の成り立ちには、次の三つの系統があります。

① つき「月」…三日月の形を描いた象形文字 時を表す字に多く見られます。
⇒ 月・有・朝・朗・望・期 の六字

② つきへん「月」…「舟」が変形したもの 「ふなづき」と呼ばれていましたが、現在は「つきへん」と呼ばれています。
⇒ 服・朕 の二字

③ にくづき「月」…「肉」が変形したもの 「にく」のみ「肉」と書きますが、ほかの字と組み合わさると「月」の形になり、人体に関する漢字に添えられています。
⇒ 臆・股・腺・肘 など

本来は、形もそれぞれ違って区別されていましたが、「常用漢字表」の書体では、すべて「月」とされています。

● 部首「肉」の漢字(常用漢字表内)
漢検では、「肉」が偏となった「にくづき」の漢字は「月」の部です。偏ではない部分で扱われる字は「肉」の部に分類されています。
腎・脊・肯・肖・脅・肩・腐・膚・背・能・胃・育・肉

57

漢字の部首

ウォーミングアップ 1

次の漢字群のうち、一つだけ部首が異なるものがある。その漢字を選んで（　）に書き、さらにその**部首**を［　］に記せ。

(例) 渉・准・潤・浸・洪　　漢字（ 准 ）部首［ 冫 ］

1　申・甲・畏・由・塁　　　（　　）［　　］
2　芳・芯・薫・夢・荘　　　（　　）［　　］
3　幕・師・帯・常・丙　　　（　　）［　　］
4　原・厄・厚・厘・歴　　　（　　）［　　］
5　柳・朴・相・槽・楷　　　（　　）［　　］
6　旅・放・施・旗・旋　　　（　　）［　　］
7　煙・炉・畑・煩・燥　　　（　　）［　　］

8　仮・併・化・侶・伴　　　（　　）［　　］
9　次・冷・凍・冶・凝　　　（　　）［　　］
10　粉・粧・料・粒・粘　　　（　　）［　　］
11　労・劣・務・勃・協　　　（　　）［　　］
12　我・戒・戯・戚・賊　　　（　　）［　　］
13　唯・唆・噴・鳴・叱　　　（　　）［　　］
14　胎・肪・勝・肌・胞　　　（　　）［　　］
15　頻・頼・瀬・顧・頓　　　（　　）［　　］
16　贈・賂・賦・賄・則　　　（　　）［　　］
17　寮・寂・宣・寧・賓　　　（　　）［　　］
18　殻・殴・殺・役・殿　　　（　　）［　　］
19　単・厳・営・覚・巣　　　（　　）［　　］
20　堆・雄・雅・離・難　　　（　　）［　　］

2 次の漢字の**部首**をア〜エから選び、（　）にその**記号**を記せ。

1. 采 ［ア ノ　イ ⺌　ウ 釆　エ 木］（　）
2. 腐 ［ア 肉　イ 亻　ウ 寸　エ 广］（　）
3. 舞 ［ア 一　イ タ　ウ 舛　エ 皿］（　）
4. 癖 ［ア 广　イ 疒　ウ 辛　エ 亠］（　）
5. 妖 ［ア 广　イ 亠　ウ 矢　エ 二］（　）
6. 褒 ［ア 衣　イ 亠　ウ 亻　エ 口］（　）
7. 壁 ［ア 土　イ 十　ウ 尸　エ 辛］（　）
8. 萎 ［ア ⺾　イ 禾　ウ 女　エ 一］（　）
9. 墓 ［ア ⺾　イ 日　ウ 土　エ 八］（　）
10. 窮 ［ア 宀　イ 穴　ウ 身　エ 弓］（　）
11. 憲 ［ア 宀　イ 罒　ウ 王　エ 心］（　）
12. 慕 ［ア ⺾　イ ⺌　ウ 日　エ 大］（　）

---

13. 藻 ［ア ⺾　イ 氵　ウ 口　エ 木］（　）
14. 爵 ［ア ⺥　イ 罒　ウ 艮　エ 寸］（　）
15. 蔑 ［ア ⺾　イ ⺌　ウ 戈　エ 丶］（　）
16. 賞 ［ア 貝　イ ⺌　ウ 冖　エ 口］（　）
17. 吏 ［ア 一　イ 大　ウ 口　エ 人］（　）
18. 慕 ［ア ⺾　イ カ　ウ 日　エ 八］（　）
19. 威 ［ア 一　イ 厂　ウ 戈　エ 女］（　）
20. 麓 ［ア 木　イ 鹿　ウ 广　エ 比］（　）
21. 豪 ［ア 亠　イ 口　ウ 冖　エ 豕］（　）
22. 喫 ［ア 刀　イ 口　ウ 一　エ 大］（　）

ONE Point

漢字を整理するため部首がある

部首は便宜的に考え出された漢字の分類方法です。「漢検」は『漢検要覧 2〜10級対応』に示す部首分類によります。

漢字の部首

練習1

次の漢字の部首を（　）に記せ。

(例) 菜 （ 艹 ）

1. 姻 （　）
2. 彙 （　）
3. 麺 （　）
4. 慰 （　）ヒント 気持ちに関係する字であることに注目。
5. 乱 （　）
6. 越 （　）
7. 尻 （　）

(例) 間 （ 門 ）

8. 香 （　）
9. 差 （　）ヒント 部首と字形は少し異なっている。
10. 陣 （　）
11. 弄 （　）
12. 嗣 （　）
13. 震 （　）
14. 嘱 （　）

15. 麻 （　）ヒント この漢字の部首は常用漢字ではこれのみ。
16. 升 （　）
17. 奈 （　）
18. 芋 （　）
19. 扉 （　）ヒント 漢字の意味を考える。
20. 臨 （　）
21. 羅 （　）
22. 拳 （　）
23. 郵 （　）
24. 献 （　）ヒント 神に動物をそなえることから、ささげるの意を持つ字。
25. 逸 （　）

26. 閲 （　）
27. 缶 （　）
28. 衆 （　）ヒント 字義ではなく字形から部首が分類されている。
29. 論 （　）
30. 辱 （　）
31. 覧 （　）ヒント「展覧」「観覧」などの熟語から「覧」の意味を考える。
32. 崖 （　）
33. 衷 （　）
34. 鬱 （　）
35. 盟 （　）
36. 鶏 （　）

実施日 ／

解答は別冊P.9

| 37 欲 | 38 圏 | 39 戴 | 40 駆 [ヒント: 音符と意符に分けてみるとよい。] | 41 薦 | 42 含 | 43 菌 | 44 匂 | 45 蛮 [ヒント: もともとは「鳥が飛ぶ」意を表した字。] | 46 翌 | 47 煎 |

| 48 叙 | 49 暁 | 50 僚 | 51 愚 | 52 亀 | 53 尉 | 54 壁 | 55 携 | 56 弧 | 57 堅 | 58 蜜 |

| 59 傾 | 60 衡 | 61 享 | 62 喪 | 63 候 | 64 甘 [ヒント: 「甚」も同じ部首の漢字。] |

| 65 賢 | 66 鯨 | 67 玄 [ヒント: 「率」も同じ部首の漢字。] | 68 鶴 | 69 翁 | 70 罵 |

ONE Point

よくある部首と思い込まないで！
次の字の部首は（　）内なので注意しましょう。
「岡」(山)・「酒」(酉)・「初」(刀)・「次」(欠)・「務」(力)・「灰」(火)・「騰」(馬)　など

漢字の部首

練習1

実施日　　／

解答は別冊P.10

2 次の漢字の部首を（　）に記せ。

(例) 菜（艹）

1. 拷（　）
2. 概（　）
3. 緊（　）
4. 玩（　）
5. 壇（　）
6. 畝（　）
7. 罷（　）

(例) 間（門）

8. 丹（　）　ヒント 「丸」「主」も同じ部首の漢字。
9. 窯（　）
10. 猶（　）
11. 阜（　）
12. 卵（　）　ヒント 漢字の下の部分になると「㔾」の形になる部首。
13. 忘（　）
14. 蓄（　）

15. 誉（　）
16. 弾（　）
17. 曽（　）　ヒント よく似た部首とまちがえやすいので注意。
18. 摩（　）
19. 彰（　）
20. 瓦（　）
21. 奨（　）　ヒント 音を表す部分は部首でない ことに注目。
22. 泰（　）
23. 刃（　）
24. 疫（　）
25. 鋳（　）

26. 藍（　）
27. 裁（　）　ヒント 布を裁って着物をつくる 意を表した漢字。
28. 虞（　）
29. 稚（　）
30. 恭（　）
31. 逮（　）
32. 袋（　）
33. 宴（　）
34. 頗（　）
35. 帝（　）
36. 葛（　）

47	46	45	44	43	42	41	40	39	38	37
免	虎	軟	曇	邸	突 ヒント あなから犬がとび出す意から「つき出る」の意となった字。	頑	殉	癒	困	彫 ヒント 示す漢字がこの部首。

58	57	56	55	54	53	52	51	50	49	48
怠	冶	猛	隠	桁	魔 ヒント 音を表す部分は部首でない ことに注目。	企	峠	畜	塗 ヒント 「こ」をぬる意を表す漢字であることに注目。	躍

ONE Point

漢字自体がその部首になっている例

斉 → 「斉（せい）」
皮 → 「皮（けがわ）」
至 → 「至（いたる）」
麻 → 「麻（あさ）」

鼻 → 「鼻（はな）」
亀 → 「亀（かめ）」
鬼 → 「鬼（おに）」
鹿 → 「鹿（しか）」

64	63	62	61	60	59
盆	飢	触	耗	磨	履

70	69	68	67	66	65
須	充	房 ヒント とびら・家などに関係する漢字がこの部首。	酎	丘 ヒント 「丈」「与」も同じ部首の漢字。	凡

63

漢字の部首

練習 2

1 次の漢字の**部首**と**部首名**を記せ。部首名が二つ以上あるものは、そのいずれか一つでよい。

	(例)	1	2	3	4	5	6	7
漢字	菜	孝	貌	庸	釜	竜	姿	斥
部首	艹							
部首名	くさかんむり							

	8	9	10	11	12	13	14	15
	恣	呈	是	弔	勾	靴	虜	斉

	16 注	17	18	19	20	21 注	22	23 注	24	25	26
	斑	栽	呉	叔	旦	妥	勅	辛	烈	奔	醸

	27	28 難	29	30	31 難	32	33	34	35	36	37
	辣	爪	融	崇	亜	畳	卸	凄	甚	占	尼

解答は別冊P.10

48	47	46	45	44	43	42	41	40	39	38
歳	巾	忍	廃	顎	遮	閥	弟	凸	骸	端

59	58	57	56(難)	55	54	53	52	51	50	49(注)
頒	昆	刹	弊	嘲	蛇	卑	崎	賠	傘	羨

65	64(難)	63	62	61	60
懐	凹	粋	影	乞	岬

71(注)	70	69(注)	68	67(難)	66
井	宜	韻	慮	且	戻

> **ONE Point**
>
> 同じ形の部首でもどこに位置するかによって呼び名が変わる！ その①
>
> 「土」 塾・堕…つち
> 　　　 塀・塚…つちへん
>
> 「車」 輩・輝…くるま
> 　　　 軟・軸…くるまへん

漢字の部首

練習2

次の漢字の**部首**と**部首名**を記せ。部首名が二つ以上あるものは、そのいずれか一つでよい。

	(例)	1	2	3	4	5	6	7
漢字	菜	鮮	艶	耕	珍	釈	登	隷
部首	艹							
部首名	くさかんむり							

	8	9	10	11	12(注)	13	14(難)	15
	殻	戒	款	敷	索	延	屯	哲

	16	17	18	19	20	21	22(難)	23	24	25	26
	塾	誓	矯	頃	臭	虹	帥	宵	瓶	剝	再

	27(注)	28	29	30	31	32	33	34(難)	35	36(難)	37
	岡	署	亭	斗	髪	冠	聴	臼	看	興	畿

実施日

解答は別冊P.11

48	47難	46	45難	44	43	42注	41	40	39	38
朕	殊	嵐	脊	囚	餓	爽	蔽	軒	碁	牙

59	58	57注	56	55	54	53	52	51注	50	49
劣	緻	義	雇	版	猿	籍	窟	鼓	衝	輩

65	64	63	62	61	60
怨	零	窃	隆	鹿	翼

71	70	69	68	67	66
蛍	累	徹	面	楼	励

ONE Point

同じ形の部首でもどこに位置するかによって呼び名が変わる！ その②

「言」 警・誉…げん　誇・訟…ごんべん

「木」 楽・柔…き　機・標…きへん

熟語の理解

おもしろゼミ 03 漢検

表意文字の神髄がここにあり
漢字の組み合わせで広がる言葉の世界

漢字は一字一字が意味を持つ表意文字ですが、一字で物事を表すには限界があります。そこで、二字以上の漢字を組み合わせることによって意味を区別・限定し、より多くの事柄を表すようになりました。こうした一定の意味を表す漢字の組み合わせを「熟語」と呼びます。中でも、簡潔で安定した二字熟語が基本となり、私たちの言葉の世界は広がりました。

漢字一字一字の字義(漢字が持つ意味)は、熟語になった時にもその意味に反映されます。複数の字義がある漢字は別の字と組み合わさる時、いずれかの意味が活用されて熟語になります。例えば「熟語」には、それぞれ「熟(＝うれる、煮る、じゅうぶんに、こなれる など)」「語(＝かたる、ことば)」の字義がありますが、「熟語」は「こなれる」+「ことば」の組み合わせで構成されています。

限定的な内容を表すために「熟語」は生み出されました。多くの場合、表したい事柄が先にあり、それに合致する字義の漢字を後から組み合わせて「熟語」は作られています。まず漢字があった訳ではないので、二字熟語の場合、二つの漢字のどちらを上にするか下にするかで意味が異なる場合があります。「社会」と「会社」、「解明」と「明解」、「格別」と「別格」

■ 熟語とは
二字以上の漢字を組み合わせたもので意味を区別・限定し、一定の意味を表す言葉。

同じ漢字で構成される熟語でも…

解
[字義]
わける
ほどく
さとる
ときあかす

＋ 字の順序によって

→ **解明**
不明な点を明らかにすること

意味が異なるものも！

明
[字義]
あかるい
あかり
あきらかにする
さとい

→ **明解**
はっきりと解釈すること

68

などなど……。
いずれにせよ、字義をわかってこそ理解できる熟語の意味とその奥深さ。熟語を学ぶことで表意文字の神髄に触れてみませんか？

熟語のいろいろな読み方

熟語の読み方には一定の法則があります。
(1)上の字を音読みすれば下の字も音読みする。
(2)上の字を訓読みすれば下の字も訓読みする。

しかし例外も多く、音読みと訓読みを混用した「重箱読み」や「湯桶読み」、慣用音や当て字、熟字訓などの「慣用的な読み」などがあります。

➡「音読語」
➡「訓読語」

1 音読語 上の字も下の字も音読みをする熟語
原則として、上が呉音なら下も呉音で、上が漢音なら下も漢音で、上が唐音なら下も唐音で読みます。ただし、それらが交ざった読みも多数あります。
（例）挨拶・必須 ※「挨拶」はともに漢音、「必須」は漢音と呉音が交ざった読み方

2 訓読語 上の字も下の字も訓読みをする熟語
（例）色艶・眉毛

3 重箱読み 上の字を音読み、下の字を訓読みする熟語
（例）半袖・蜜蜂

4 湯桶読み 上の字を訓読み、下の字を音読みする熟語
（例）餌食・錦絵

5 慣用的な読み 慣用音や当て字、熟字訓などの特別な読み方
（例）鍛冶・日和

■ 音読語
●上下とも呉音で読むもの
極上　建立（こんりゅう）　成就（じょうじゅ）　断食（だんじき）　流布（るふ）　など
●上下とも漢音で読むもの
極地　自然　人権　有益（ゆうえき）　など
●上下とも唐音で読むもの
協力（きょうりょく）　極楽（ごくらく）　提灯（ちょうちん）　払子（ほっす）　など
●上を呉音、下を漢音で読むもの
行脚（あんぎゃ）　行灯（あんどん）　時間　風情（ふぜい）　凡人（ぼんじん）　など
●上を漢音、下を呉音で読むもの
境界（きょうかい）　興味　自由　食堂（しょくどう）　美男（びなん）　など
漢音　権限（けんげん）　など

■ 訓読語
石臼（いしうす）　大股（おおまた）　鍵穴（かぎあな）　傷痕（きずあと）　葛湯（くずゆ）　雑煮（ぞうに）　渋柿（しぶがき）　など
隙間　喉元（のどもと）　初詣　花籠（はなかご）　火蓋（ひぶた）　反物（たんもの）　など

■ 重箱読み（上が音、下が訓）
王手（おうて）　楽屋（がくや）　缶詰（かんづめ）　素顔（すがお）　雑煮（ぞうに）など
台所（だいどころ）　納屋（なや）　派手（はで）　幕内（まくうち）　両脇（りょうわき）　など

■ 湯桶読み（上が訓、下が音）
金具（かなぐ）　消印（けしいん）　酒代（さかだい）　挿絵（さしえ）　敷布（しきふ）　手本（てほん）　など
泥棒（どろぼう）　偽札（にせさつ）　店番（みせばん）　結納（ゆいのう）　湯茶（ゆちゃ）　など

■ 慣用的な読み
納戸（なんど）　由緒（ゆいしょ）　披露（ひろう）　玄人（くろうと）　浴衣（ゆかた）　など

熟語の構成と意味の理解

熟語は表意文字である漢字を二字以上組み合わせて構成されていることは、先ほど説明した通りです。知らない熟語に出会ったとき、漢字の意味と熟語の構成（組み立て）を考えると、熟語のおおよその意味を推測することができます。

熟語の構成（組み立て）は、おおむね次のように分類できます。

1 同じような意味の漢字を重ねたもの

● 同じ漢字を重ねて様子や状態を表すもの
「代代」「徐徐」などがこれにあたります。「代々」のように、踊り字（々）を使って書くこともできます。

● 同じような意味の漢字を重ねて互いに意味を補い合うもの
この構成の熟語は多く、どちらかの漢字の意味がわかると、熟語の意味もだいたい見当がつきます。

・物の名を表す漢字を重ねたもの　（例）岩石　河川
・動作を表す漢字を重ねたもの　（例）言語　禁止
・物のありさまや性質を表す漢字を重ねたもの　（例）豊富　永久

2 反対または対応の意味を表す漢字を重ねたもの

● 物のありさまや性質を表す漢字を組み合わせたもの　（例）高低　善悪
● 動作を表す漢字を組み合わせたもの　（例）昇降　発着
● 物の名を表す漢字を組み合わせたもの　（例）心身　主従

■ 熟語の組み立て方の例

① 同じような意味の漢字を重ねたもの

● 同じ漢字を重ねて様子や状態を表す熟語
少少　個個　再再　刻刻　続続　堂堂
淡淡　洋洋　朗朗　歴歴　艶艶　冥冥

● 同じような意味の漢字を重ねて互いに意味を補い合う熟語

・物のありさまや性質を表す熟語
寛大　貧乏　曖昧　旺盛　僅少　新鮮
清潔　肥沃　精密　悲哀　詳細　華麗

・動作を表す漢字を重ねた熟語
逸脱　勧奨　萎縮　依頼　勤務　映写
過去　畏怖　怨恨　選択　満足　捕捉

・物の名を表す漢字を重ねた熟語
甲殻　樹木　絵画　船舶　咽喉　身体
皮膚　痕跡　道路　霊魂　機器　洞窟

② 反対または対応の意味を表す字を重ねたもの

● 物のありさまや性質を表す漢字を組み合わせた熟語
雅俗　衆寡　苦楽　軽重　広狭　寒暑
有無　細大　厚薄　安危　難易　美醜

● 動作を表す漢字を組み合わせた熟語
隠顕　集散　攻守　送迎　浮沈　断続
毀誉　去来　授受　伸縮　贈答　貸借

この構成に分類されるのは、相反する二つの意味を対照的に表す熟語が大半ですが、どちらか一つの漢字の意味だけを表す熟語や、元の意味から転じた別の意味を表す熟語もありますので、注意が必要です。

(例)黒白(物の善し悪し)
　　動静(人や物事の活動の様子)
　　始終(いつも)
　　異同(異なっているところ、違い)

❸ 上の字が下の字を修飾しているもの
修飾と被修飾の関係にあり、上から下へ読むと熟語のおおよその意味がわかります。
●上の字が下の字を連体修飾するもの
(例)国歌(→国の歌)　深海(→深い海)
●上の字が下の字を連用修飾するもの
(例)楽勝(→楽に勝つ)　予告(→予め告げる)

❹ 下の字が上の字の目的語・補語になっているもの
「…を〜する」「…に〜する」というように、下から上へ読むと熟語のおおその意味がわかります。
(例)握手(→手を握る)　乗車(→車に乗る)

※便宜上、熟語で前に来る漢字(一字目)を「上の字」、後に来る漢字(二字目)を「下の字」としています。

●物の名を表す漢字を組み合わせた熟語
腹背　表裏　今昔　縦横　師弟　旦夕

❸ 上の字が下の字を修飾しているもの
●上の字が下の字を連体修飾する熟語
貴賓　会員　罪人　胃液　品質　長友
洋画　脳波　銀幕　象牙　酪農
急病　鉄柵　悪役　晩秋　重罪　美談

●上の字が下の字を連用修飾する熟語
酷使　早熟　狙撃　優遇　重視　漸進
永住　先発　捻出　厳禁　急増　晩成
再会　激突　徐行　遡行　蜂起　汎用

❹ 下の字が上の字の目的語・補語になっているもの
懐疑　造幣　叙勲　蹴球　延期　開会
加熱　観劇　脱皮　求婚　護身　追跡
始業　指名　籠城　配膳　開幕　遅刻
失踪　尽力　避難　増税　登頂　保健

❺ 上の字が下の字の意味を打ち消しているもの
●「不」がついた熟語
不遜　不純　不慮　不備　不断　不潔
不服　不当　不徳　不滅　不義　不興

●「無」がついた熟語
無謀　無為　無恥　無尽　無量　無料
無窮　無稽

5 上の字が下の字の意味を打ち消しているもの
上に「不」「無」「未」「非」など、打ち消し(否定)の意味を表す漢字がついて、下の漢字の意味を打ち消します。
(例)不穏　無数　未開　非常

6 上の字が主語、下の字が述語になっているもの
「…が～する」と、上から下へ読むと意味がわかります。
(例)日没(→日が没する)

7 上に「所」「被」をつけたもの
「所」は行為の対象や内容を示す言葉、「被」は受け身の意を表す言葉で、それぞれ「…するところのもの」「…される(もの)」という意味の熟語をつくります。
(例)所得　被告

8 「然」「的」などの接尾語が下についたもの
上の字の意味に基づいて、そのような状態・性質・傾向であることを表します。
(例)平然　美的

9 三字以上の熟語を略したもの(略語)
(例)定休(定期休業)　特急(特別急行)　原爆(原子爆弾)
学割(学生割引)
私鉄(私営鉄道)

● 「未」がついた熟語
未踏　未明　未完
未熟　未遂　未刊　未婚　未収
未然　未知　未着　未定

● 「非」がついた熟語
非番　非才　非情
非凡

⑥ 上の字が主語、下の字が述語になっているもの
地震　人造　雷鳴　国立　私製　官選

⑦ 上に「所」「被」をつけたもの
所感　所見　所産　所属　所有　所用

● 「被」がついた熟語
被告　被虐

⑧ 「然」「的」などの接尾語が下についたもの
● 「然」がついた熟語
断然　純然　判然　憤然　漫然
歴然　騒然　端然　突然　漢然

● 「的」がついた熟語
法的　病的　物的　静的　動的　詩的

三字の熟語の組み立て方

三字の熟語は、そのほとんどが二字の熟語の上か下に漢字が一字ついてできています。

1 もとの熟語に新たな意味が付加されたもの
● 上に漢字が一字ついたもの
「大」+「自然」で「大自然」となる形です。
● 下に漢字が一字ついたもの
「人類」+「学」で「人類学」となる形です。

2 否定の意味を表す漢字が上についたもの
「不始末」「無意識」「非公式」「未解決」のように「不」「無」「非」「未」などが下の熟語の意味を打ち消す形のものです。
《注意すべき語例》
「不凍港」…「不凍」+「港」→凍結しない港
「未知数」…「未知」+「数」→まだ知られていない数

3 接尾語が下についたもの
「協調性」「効果的」など、「性」「的」「化」などの接尾語がつく形です。

4 漢字が三字対等に重ねられたもの
「天」+「地」+「人」で「天地人」となる形です。

■ 三字の熟語の組み立て方の例

① もとの熟語に新たな意味が付加されたもの
● 上に漢字が一字ついたもの
再確認　最高潮　夢心地　低気圧
小規模　高性能　定位置　美意識
微生物　手荷物　初対面
股関節　密貿易　核実験

● 下に漢字が一字ついたもの
埋蔵量　自尊心　専門家　安心感
調査官　最大限　必需品　善後策
報道陣　性善説　鶴亀算

② 否定の意味を表す漢字が上についたもの
不本意　不合理　不名誉　不首尾
無作法　無責任　無慈悲
非常識　無感覚　無分別　非合法
未成年　非人情　非公開　非合法
未開拓　未経験　未完成

③ 接尾語が下についたもの
協調性　国民性　社交性　柔軟性
必然性　標準的　効果的　本格的
通俗的　楽観的　図案化　合理化
長期化　機械化　習慣化　形骸化

④ 漢字が三字対等に重ねられたもの
大中小　衣食住　松竹梅　陸海空

熟語の理解

1 熟語の構成 ウォーミングアップ

次のAの漢字と、後のBの漢字一字を組み合わせて、二字の熟語を作れ。
（A・Bどちらの漢字が上でもよい。）

A: 1 逸　2 韻　3 免　4 姻　5 厳　6 渦　7 瘍　8 拝　9 拐　10 寡　11 叙　12 腎　13 励　14 悪　15 倫

B: 誘　婚　黙　腫　律　謁　中　肝　理　脱　疫　威　奨　勲　醜

1 ◯　4 ◯　7 ◯　10 ◯　13 ◯
2 ◯　5 ◯　8 ◯　11 ◯　14 ◯
3 ◯　6 ◯　9 ◯　12 ◯　15 ◯

2

次の漢字と下のa～fの漢字を組み合わせて熟語を作る場合、**熟語とならない漢字が一つ**だけある。その漢字を記号で答えよ。
（a～fの漢字は上でも下でもよい。）

1 懐 [a 紙　b 剣　c 中　d 柔　e 諾　f 疑]
2 浄 [a 土　b 財　c 拭　d 緒　e 清　f 洗]
3 蓋 [a 円　b 棺　c 包　d 火　e 天　f 鍋]
4 肢 [a 上　b 義　c 下　d 四　e 手　f 体]
5 股 [a 内　b 間　c 膝　d 四　e 大　f 上]
6 障 [a 礼　b 子　c 万　d 壁　e 支　f 故]
7 制 [a 抑　b 働　c 禁　d 止　e 御　f 覇]
8 滞 [a 停　b 沈　c 納　d 渋　e 在　f 人]
9 謀 [a 反　b 首　c 思　d 略　e 議　f 殺]
10 献 [a 本　b 呈　c 身　d 上　e 金　f 康]
11 贈 [a 寄　b 賄　c 笑　d 与　e 答　f 呈]
12 賢 [a 愚　b 人　c 明　d 兄　e 先　f 案]

3

1〜10の三つの□に共通する漢字を入れて熟語を作れ。漢字はア〜ソから選び、（　）に記号で記せ。

1 結□・未□・□期
2 恩□・□下・□杯
3 □奏・相□・伴侶
4 脳□・心□・脊□
5 □培・盆□・□植
6 □土・□加・□福
7 私□・□貞・□徳
8 □想・□信・□挙
9 □滅・□倒・□瘍
10 凄□・□書・□妖

ア 賜　イ 婚　ウ 髄　エ 冥　オ 延
カ 伴　キ 完　ク 艶　ケ 妄　コ 潰
サ 塾　シ 栽　ス 淑　セ 慈　ソ 偉

4

1〜8の三つの□に共通する漢字を入れて熟語を作れ。漢字はア〜ソから選び、（　）に記号で記せ。

1 □索・□検・□究
2 □傷・□決・□亀
3 喝□・□書・□願
4 宣□・□側・□窓
5 □右・□配・□風
6 □典・□細・□弱
7 □師・□捜・□模
8 □年・□代・□音

ア 裂　イ 負　ウ 探　エ 譜　オ 舷
カ 食　キ 誓　ク 範　ケ 采　コ 微
サ 白　シ 誓　ス 貢　セ 唱　ソ 繊

ONE Point

「同じような意味」を重ねてみても
熟語「貧乏」のように、上下に同じような意味の漢字を重ねた場合、熟語にした時も「とぼしいこと」と、同様の意味を表します。

熟語の理解

熟語の構成

練習1

1 熟語の構成のしかたには次のようなものがある。

ア 同じような意味の漢字を重ねたもの　（岩石）
イ 反対または対応の意味を表す字を重ねたもの　（高低）
ウ 上の字が下の字を修飾しているもの　（洋画）
エ 下の字が上の字の目的語・補語になっているもの　（着席）
オ 上の字が下の字の意味を打ち消しているもの　（未熟）
カ 主語と述語の関係にあるもの　（国立）

次の熟語は、ア～カのどれにあたるか。（　）に記号で記せ。

1 頻発
2 諦観
3 諾否
4 愉悦
5 旦夕
6 遷都　ヒント「遷」は「うつす」という意の字。
7 哀悼
8 殉教　ヒント「殉職」も同じ構成の熟語。
9 無謀
10 語呂
11 喫茶
12 飢餓
13 直轄
14 輪禍
15 即位
16 環礁
17 旅愁
18 廉価　ヒント この「廉」は「やすい」の意。
19 蜂起
20 寛厳
21 封鎖
22 遡源
23 争覇
24 美醜

25 逸話 ヒント 知られていない の意	26 披露	27 蹴球
28 不遇	29 酪農 ヒント 乳製品を作る農業のことをいう。	30 霊魂
31 傲慢	32 傍聴	33 核心
34 提訴	35 岐路	36 未詳

37 徹夜	38 挨拶	39 避難
40 懐古 意味 昔をなつかしく思い出すこと。	41 酷似	42 匿名
43 未決	44 巧拙	45 冶金 ヒント「冶」には「とかす・鋳る」という意味がある。
46 空虚 意味 何もないこと。むなしいこと。	47 墜落	48 漸進 ヒント「漸」には「だんだんに」という意味がある。

ONE Point

上の字と下の字が「反対・対応」の熟語

「浮沈」のように、反対、対応の意味を表す字を重ねた熟語は、「浮くこと」と「沈むこと」というように、「と」を入れて考えましょう。

49 無為	50 好餌	51 不屈
52 寡少	53 威嚇	54 日没
55 打撲	56 汗腺	

57 叙勲	58 媒介	59 愛憎
60 無稽	61 叙情	62 享楽
63 雅俗	64 充満	

熟語の理解

熟語の構成 練習1

2 熟語の構成のしかたには次のようなものがある。

ア 同じような意味の漢字を重ねたもの （岩石）
イ 反対または対応の意味を表す字を重ねたもの （高低）
ウ 上の字が下の字を修飾しているもの （洋画）
エ 下の字が上の字の目的語・補語になっているもの （着席）
オ 上の字が下の字の意味を打ち消しているもの （未熟）
カ 主語と述語の関係にあるもの （国立）

次の**熟語**は、ア〜カのどれにあたるか。（ ）に記号で記せ。

1. 失策 〔ヒント 「失った策」ととらえないこと。〕
2. 未刊
3. 謹呈 〔意味 つつしんでさしあげること。〕
4. 淑女
5. 無恥
6. 苦衷 〔意味 苦しい心の内。〕
7. 雪崩
8. 気絶
9. 悲哀
10. 不慮

11. 無窮
12. 毀誉
13. 頒価
14. 堆積
15. 逸脱
16. 臼歯
17. 雷鳴
18. 贈賄
19. 不粋 〔意味 人情や風流を解さないこと。〕
20. 汎愛 〔意味 広く平等に愛すること。〕

熟語の構成 練習2

1 次の熟語と同じ構成でできている熟語を［ ］から選び、その記号を（ ）に記せ。

1. 永久　［a 豊富　b 会員　c 握手　d 合掌］
2. 就職　［a 逝去　b 不当　c 検疫　d 贈答］
3. 未納　［a 殺菌　b 奔流　c 不偏　d 自嘲］
4. 河畔　［a 銃創　b 謙譲　c 柔軟　d 集散］
5. 抑揚　［a 俊秀　b 往来　c 懲悪　d 王妃］
6. 愚昧　［a 廃屋　b 扶助　c 窮地　d 不覚］
7. 悪役　［a 濃淡　b 親疎　c 皮膚　d 独吟］
8. 殉職　［a 映写　b 未完　c 増税　d 頓才］
9. 来賓　［a 義憤　b 座礁　c 延期　d 検閲］
10. 清潔　［a 詳細　b 先発　c 新旧　d 繊毛］
11. 露顕　［a 移籍　b 防災　c 濫伐　d 店舗］
12. 市立　［a 過去　b 重罪　c 地震　d 随意］
13. 不備　［a 破綻　b 吉凶　c 嫌悪　d 無粋］
14. 渋柿　［a 虜囚　b 懇請　c 随時　d 着席］
15. 加熱　［a 品質　b 摩擦　c 保健　d 渉猟］
16. 咽頭　［a 暖流　b 未熟　c 犠牲　d 看病］
17. 非常　［a 慰労　b 搾乳　c 溺愛　d 不朽］
18. 把握　［a 明暗　b 遮蔽　c 疾走　d 主従］
19. 国営　［a 人造　b 謹慎　c 急病　d 逓減］
20. 禍福　［a 享受　b 抹茶　c 師弟　d 旋風］

ONE Point

上の字が下の字を修飾する熟語

「芳香」は「芳しい香り」と上から下へ考えれば、上の「芳」が下の「香」を連体修飾している熟語と判断できます。

熟語の理解

熟語の構成 練習2

2 熟語の構成のしかたには次のようなものがある。

- ア 同じような意味の漢字を重ねたもの （岩石）
- イ 反対または対応の意味を表す字を重ねたもの （高低）
- ウ 上の字が下の字を修飾しているもの （洋画）
- エ 下の字が上の字の目的語・補語になっているもの （着席）
- オ 上の字が下の字の意味を打ち消しているもの （未熟）
- カ 主語と述語の関係にあるもの （国立）

ア〜カの熟語構成になるように後の ▭ の中から漢字を選んで熟語を完成させ、（ ）にa〜lの記号を記せ。

	ア(難)		イ		ウ(難)		エ		オ(注)		カ
	1	2	3	4	5	6	7	8	9	10	11	12
	閉	俊	□尾	虚□	釣□	漆□	□城	除□	□遂	□惑	天□	鶏□

a 不 b 実 c 授 d 黒
e 果 f 籍 g 塞 h 鳴
i 英 j 未 k 首 l 籠

3 熟語の構成のしかたには次のようなものがある。

- ア 同じような意味の漢字を重ねたもの （岩石）
- イ 反対または対応の意味を表す字を重ねたもの （高低）
- ウ 上の字が下の字を修飾しているもの （洋画）
- エ 下の字が上の字の目的語・補語になっているもの （着席）
- オ 上の字が下の字の意味を打ち消しているもの （未熟）
- カ 主語と述語の関係にあるもの （国立）

ア〜カの熟語構成になるように後の □ の中から漢字を選んで**熟語を完成させ**、（ ）に a〜l の記号を記せ。

ア（難） 1 枢□
2 凡□
イ 3 正□
4 興□
ウ（注） 5 □雪
6 □野
エ（難） 7 □時
8 克□
オ 9 □尽
10 □遜
カ 11 □年
12 □性

a 渓 b 随 c 要 d 亡 e 沃 f 邪
g 無 h 庸 i 急 j 己 k 少 l 不

ONE Point
下の字が上の字の目的語・補語となる熟語

「仰天」は下の「天」から上の「仰」へ「天を仰ぐ」と読めるので、下の字が上の字の目的語・補語となる熟語と判断できます。

熟語の理解

熟語の構成 練習 2

実施日 ／

解答は別冊P.13

4 次の――線の漢字と反対の意味の漢字を□に入れて**熟語を作り**、その**漢字を**（　）に記せ。

1. 慶□用の礼服を用意する。
2. スペースの広□を問う。
3. 彼は硬□併せ持った人柄だ。
4. 苦□を共にした仲間だ。
5. 磁気には陰□の極がある。
6. 〈難〉我事情を異にする。
7. 作品には□泥の差がある。
8. 文章を添□してもらう。
9. □雄分かち難い。
10. 事件の真□を調べる。

---

5 次の――線の漢字と似た意味の漢字を□に入れて**熟語を作り**、その**漢字を**（　）に記せ。

1. 不正に嫌□感を持つ。
2. 宝石を研□する。
3. 悪事を放□する。
4. 〈難〉悪いイメージを払□したい。
5. 銀行が合□する。
6. 〈難〉嫉□は名声の伴侶である。
7. 足湯で血液の□環を促す。
8. 精□検査をする。
9. 百度に煮□する。
10. 映画で空□な心を埋める。

82

6
次の□には――線の漢字を**修飾する漢字**が入る。その漢字を後の〔　〕の中から選んで**熟語を作り**、その**記号**を（　）に記せ。

1. ついに計画の□貌が明らかになる。（　）
2. 最近□事が続いている。（　）
3. すばらしい□犬だ。（　）
4. 古墳から□棺が掘り出された。（　）
5. □賓席を設ける。（　）
6. 有識者の□談の場を設ける。（　）
7. 児童文学には□精がよく出てくる。（　）
8. 彼女は□想を抱く癖がある。（　）

〔
a 貴　b 懇　c 慶　d 妄
e 猟　f 全　g 妖　h 石
〕

7
次の――線の漢字と同じ意味で用いられている熟語をア～オから選び、**記号**で記せ。

1. 容器→物を入れる・盛る
   ア 容態　イ 容積　ウ 容貌　エ 理容　オ 容易（　）
2. 退職→身をひく・地位から去る
   ア 引退　イ 衰退　ウ 退屈　エ 撃退　オ 退化（　）
3. 要求→いる・もとめる
   ア 要約　イ 概要　ウ 需要　エ 要素　オ 要塞（　）
4. 統一→筋をまとめる・すべる
   ア 血統　イ 統合　ウ 系統　エ 正統　オ 伝統（　）
5. 食通→詳しく知っている・知りつくす
   ア 貫通　イ 通説　ウ 通学　エ 精通　オ 通訳（　）

ONE Point
主語と述語の関係にある熟語
「国立」のように、上の字が主語、下の字が述語となっている熟語は、「国立」（国が立てる）と意味を考えましょう。

対義語・類義語

おもしろゼミ 04 漢検

縦横無尽につながり広がる言葉の世界

「上下」だけのつながりじゃない？

「下」と「上」は対義語の代表といっても過言ではないほど、明確に反対の意味を持つ言葉です。「下ろす」とした時の反対の意味は、当然「上げる」です。……が、果たしてそれだけでしょうか？

下ろしたものがもし旗や看板だったとするとどうでしょう。「上げる」だけでなく「掲げる」ともいえます。また、下ろしたものが「預金」だったとしたら？ 反対の言葉は「積む」になりますね。また、荷台から下ろしたのだと考えると、反対の言葉は「預ける」になります。更に、抱き上げていた子どもを下ろしたのだとしたら「抱く」や「背負う」が反対の言葉になります。

一見すると簡単そうな「下ろす」の対義語は、観点が変わるとこれほどまでに広がりを見せます。語句同士のつながりや重なりは、実に複雑で奥深いものです。対義語や類義語を学ぶことは、語句や漢字の意味、つながりを学ぶことです。語彙力を高めるこの絶好の機会、是非とも広く深く学んでください。

■ 対義語は一対とは限らない

下ろす
- （荷物を）上げる・持ち上げる
- （旗を）掲げる・掲揚する
- （荷台に）積む・積載する
- （お金を）預ける・預金する
- （子どもを）抱く・背負う

84

対義語

漢検では次に説明する「反対語(反意語)」と「対応語(対照語)」を合わせて、「**対義語**」としています。

1 反対語(反意語)

互いに反対の意味を持つ言葉(熟語)

「軽い⇔重い」や「僅差⇔大差」など、程度の差を表す場合があります。ほかにも、「頂戴⇔進呈」や「畏敬⇔軽侮」のように、一つの事柄を見方や立場、行動をかえて表現する場合もあります。

2 対応語(対照語)

互いに対応して一対のものとなっている言葉(熟語)

「天」と「地」、「北極」と「南極」など、対になる言葉のセットです。これらの語は組み合わさって一つの対になります。

3 対義語の構成

●**共通の漢字があるもの**

・上の字が反対または対応する意味で、下の字が共通しているもの

必然 ⇔ 蓋然
主役 ⇔ 脇役
暗喩 ⇔ 明喩 など

・上の字が共通していて、下の字が反対または対応する意味のもの

自尊 ⇔ 自嘲
山頂 ⇔ 山麓
目尻 ⇔ 目頭 など

●**共通の漢字がないもの**

・上下の字がそれぞれ反対または対応する意味のもの

暗鬱 ⇔ 明朗
剥離 ⇔ 接着
汚濁 ⇔ 清澄 など

■ 対義語の例

●**共通の漢字があるもの**

・上の字が反対または対応する意味で、下の字が共通しているもの

本道 ⇔ 脇道
甘言 ⇔ 苦言
往路 ⇔ 復路

・上の字が共通していて、下の字が反対または対応する意味のもの

千潮 ⇔ 満潮
急騰 ⇔ 急落
酷寒 ⇔ 酷暑
過疎 ⇔ 過密
逓増 ⇔ 逓減

●**共通の漢字がないもの**

・上下の字がそれぞれ反対または対応する意味のもの

増進 ⇔ 減退
高雅 ⇔ 低俗
巧遅 ⇔ 拙速
褒賞 ⇔ 懲罰

・上下のいずれの字も対応していないもの

極楽 ⇔ 奈落
肥沃 ⇔ 不毛
横柄 ⇔ 謙遜
斬新 ⇔ 陳腐

・「不」「無」「非」「未」などの打ち消しの字で反対の意味を表すもの

過剰 ⇔ 不足
凡庸 ⇔ 非凡
平常 ⇔ 非常
既刊 ⇔ 未刊

類義語

「類義語」とは「似た意味の言葉」です。意味が似ている言葉同士はすべて「類義語」となりますので、「対義語」と比較すると「類義語」の範囲はかなり広くなります。ただし、似ていても意味の重なり方は語句ごとに異なります。漢検では次から説明する「同義語」と、「類義語」を合わせて「類義語」としています。

1 同義語（同意語）

意味が同じ言葉（熟語）　➡　辛抱 ＝ 我慢

どちらも「じっと耐え忍ぶ」意味を持つ「辛抱」「我慢」。

・何事も○○が肝要だ。　・あと少しの○○だ。
・○○強く作業をこなした。　・○○しないで休もう。

これらの○○に「辛抱」「我慢」のいずれを入れても、全て同じ意味の文になります。従って、「辛抱」「我慢」は同義語だといえます。

しかし、「我慢大会」や「やせ我慢」を「辛抱大会」「やせ辛抱」と言い換えることはできません。「耐える」という共通の意味を持ちながらも、「辛抱」と「我慢」は完全に一致しているわけではなく、微細な意味合いの違いがあります。例えば、「○○の限界」であれば、「辛抱」も誤りではなくとも「我慢」の方が耳慣れた感じがします。微妙なニュアンスの違いを的確に使い分ける必要があるのです。

- 上下のいずれの字も対応していないもの

曖昧 ⇔ 明瞭　奈落 ⇔ 極楽　臆病 ⇔ 大胆　など

- 「不」「無」「非」「未」など打ち消しの字で反対の意味を表すもの

謙遜 ⇔ 不遜　貪欲 ⇔ 無欲　など

■ 類義語の意味の広がり

● 同義語（同意語）は意味が同じ

辛抱と我慢は、ほぼ重なっている ➡ 同義語

忍耐は部分的に重なっている ➡ 類義語

意味が同じ語でも、少しずつ語感が異なる場合もあります。

服
衣服
衣類
衣料品
被服
お召し物
衣装
装束

言葉によってイメージが変わるのね！

なお、「辛抱」「我慢」に加え「忍耐」もほぼ意味が重なっているのですが、「忍耐」は「辛抱」「我慢」には含まれない意味合いもあり、同義語というには難しい関係になります。「忍耐」は、次の項「類義語」に当てはまります。

②類義語

二つの熟語の意味が互いに類似している言葉（熟語）。

●部分的に重なり合うもの　→　必須≒必需

・必須科目を履修する。　　・必需品を買いそろえる。

いずれも「必要である。なくてはならない」の意味を持っています。しかし同義語である「辛抱」「我慢」とは異なり、「必須」と「必需」を入れ換えることはできません。

同様に「互角」「伯仲」も「優劣がつけがたい」という意味を持っていますが、実際に活用する際は

・互角の戦い　　・実力が伯仲する

のように使います。それぞれ、入れ換えることはできませんね。

これらは共通の意味を持ってはいますが、それぞれ、互いの熟語には含まれない意味を持っており、使用する場面が熟語ごとに違います。これらの語は「類義語」と呼んでいます。

●一方が他方に含まれるもの　→　敬う≒畏敬

「畏敬」は日本語（和語）の「敬う」と同じ意味を持ちます。「畏敬」は「畏れ敬うこと」という意味で、「敬う」気持ちに「畏れ」も付加された内容を表します。つまり、「畏敬」は「敬う」の意味の一部を表す語だといえるのです。

同様に、「敬う」意味を持つ熟語は「尊敬」「崇敬」「敬意」「敬慕」などが

●類義語（意味が部分的に重なり合うもの）

必需 ／ 必要である（共通の意味） ／ 必須

伯仲 ／ 優劣がつけがたい（共通の意味） ／ 互角

●類義語（一方が他方に含まれるもの）

敬う：尊敬、敬意、崇敬、敬慕、尊崇、私淑、心酔

尊敬：（優れた人の人格などを）敬うこと、尊ぶこと
崇敬：（極めて尊いものを）あがめ敬うこと
敬意：相手を尊敬する気持ち
敬慕：心から敬い、慕うこと
尊崇：尊び、あがめること
私淑：（直接に教えは受けないが）師として尊敬し、学ぶこと
心酔：（人や作品を）深く慕い、尊敬すること

あります。「敬」という字が含まれていない「尊崇」「私淑」「心酔」などの熟語も同様に「敬う」意味を持っています。これらの語は、それぞれに独自の意味合いを持ってはいますが、すべて「敬う」という大きな枠に収まっています。これらも「類義語」です。

3 類義語の構成

● 共通の漢字があるもの

・上の字が似た意味を持ち、下の字が共通のもの

陰鬱＝暗鬱　猛烈＝苛烈　清涼＝爽涼　など

・上の字が共通で、下の字が似た意味を持っているもの

隠匿＝隠蔽　閉塞＝閉鎖　参拝＝参詣　など

● 共通の漢字がないもの

瓦解＝崩壊　巣窟＝根城　不遜＝高慢　など

凄惨＝陰惨＝凄絶＝惨烈＝無惨　など

類義語は一対とは限りません。複数の語が類義語となっている場合もあります。ひとまとめにして覚えると良いでしょう。

日本語には「口語」や「文語」、「外来語」や「方言」など、使用場面の異なる語が多く、対義語・類義語の世界は深さを併せ持った広がりを見せてくれます。これらを学び語彙力を高めることは、深遠なる言葉の世界を自由に歩き回る力となるでしょう。

■ 類義語の構成

● 共通の漢字があるもの

・上の字が似た意味を持ち、下の字が共通のもの

敏腕＝辣腕　小差＝僅差
通論＝汎論　暗喩＝隠喩

・上の字が共通で、下の字が似た意味を持っているもの

補充＝補填　賞玩＝賞味
全貌＝全容　把捉＝把握

● 共通の漢字がないもの

采配＝指揮　懸崖＝絶壁
所詮＝結局　嫉妬＝羨望
籠絡＝懐柔　洪水＝氾濫

■ 類義語が複数あるもの

精緻＝精密＝精細＝緻密

知っておきたい対義語・類義語一覧

対義語

- 愛護⇔虐待
- 獲得⇔喪失
- 極端⇔中庸
- 欠乏⇔充足
- 賢明⇔暗愚
- 巧妙⇔拙劣
- 挫折⇔貫徹
- 祝賀⇔哀悼
- 召還⇔派遣
- 新奇⇔陳腐
- 設置⇔撤去
- 爽快⇔憂鬱
- 緻密⇔粗雑
- 濃艶⇔枯淡
- 反逆⇔恭順
- 末端⇔中枢
- 率先⇔追随

- 威圧⇔懐柔
- 緩慢⇔迅速
- 禁欲⇔享楽
- 決裂⇔妥結
- 傲慢⇔謙虚
- 高遠⇔卑近
- 自生⇔栽培
- 潤沢⇔枯渇
- 詳細⇔概略
- 進出⇔撤退
- 絶賛⇔酷評
- 多弁⇔寡黙
- 嘲笑⇔賛嘆
- 罵倒⇔絶賛
- 富裕⇔貧窮
- 名誉⇔恥辱
- 隆起⇔陥没

- 下落⇔騰貴
- 危惧⇔安心
- 慶賀⇔哀悼
- 謙遜⇔横柄
- 個別⇔一斉
- 国産⇔舶来
- 叱責⇔称賛
- 純白⇔漆黒
- 侵害⇔擁護
- 進捗⇔停頓
- 粗略⇔丁寧
- 蓄積⇔消耗
- 特殊⇔普遍
- 剝奪⇔授与
- 凡才⇔逸材
- 湧出⇔枯渇
- 老巧⇔稚拙

類義語

- 怨恨＝意趣
- 解雇＝罷免
- 堪忍＝勘弁
- 脅迫＝威嚇
- 困苦＝辛酸
- 沙汰＝消息
- 残念＝遺憾
- 食膳＝食卓
- 刹那＝瞬間
- 対価＝報酬
- 陶冶＝薫陶
- 罵言＝嘲罵
- 訃音＝訃報
- 奮戦＝敢闘
- 面倒＝厄介
- 危惧＝懸念
- 傲慢＝横柄

- 怨念＝遺恨
- 諧和＝協調
- 玩弄＝愚弄
- 功名＝殊勲
- 根絶＝撲滅
- 挫折＝頓挫
- 祝福＝慶賀
- 心配＝懸念
- 昼寝＝午睡
- 阻害＝邪魔
- 捻出＝工面
- 反逆＝謀反
- 風采＝風貌
- 放恣＝放逸
- 来歴＝由緒

- 領袖＝首領
- 冥利＝果報
- 払拭＝一掃
- 眉目＝容貌
- 濃艶＝艶美
- 湯船＝浴槽
- 造詣＝学識
- 推移＝変遷
- 譲歩＝妥協
- 傘下＝翼下
- 混乱＝紛糾
- 降格＝左遷
- 強情＝頑固
- 瓦解＝崩壊
- 苛政＝虐政

- 明瞭＝鮮明＝判然＝明白
- 梗概＝大要＝概要＝粗筋

ウォーミングアップ 対義語・類義語

1 次の熟語の**対義語**を後の□□から選び、（　）に記せ。

1. 栄達 —（　）
2. 削除 —（　）
3. 反逆 —（　）
4. 慎重 —（　）
5. 潤沢 —（　）

6. 巧妙 —（　）
7. 率先 —（　）
8. 剝離 —（　）
9. 汚濁 —（　）
10. 専任 —（　）

追随・添加・枯渇・拙劣・恭順
軽率・清澄・零落・兼任・接着

2 次の熟語の**類義語**を後の□□から選び、（　）に記せ。

1. 邪魔 —（　）
2. 特別 —（　）
3. 通論 —（　）
4. 困苦 —（　）
5. 外聞 —（　）

6. 祝福 —（　）
7. 独裁 —（　）
8. 監禁 —（　）
9. 逐次 —（　）
10. 来歴 —（　）

体裁・阻害・辛酸・格別・汎論
幽閉・慶賀・順次・由緒・専制

3 次の □ を必ず一度使って漢字一字に直し、対義語・類義語を記せ。

対義語

1. 密集—散（ ）
2. 純白—（ ）黒
3. 主役—（ ）役
4. 延長—短（ ）
5. 歓喜—悲（ ）

類義語

6. 奇抜—突（ ）
7. 列挙—（ ）列
8. 大胆—（ ）放
9. 陶冶—陶（ ）
10. 発議—（ ）案

あい・くん・ごう・ざい・しっ
しゅく・てい・ぴ・ら・わき

4 次の □ を必ず一度使って漢字一字に直し、対義語・類義語を記せ。

対義語

1. 敬重—（ ）弄
2. 国産—（ ）来
3. 進出—（ ）退
4. 理論—実（ ）
5. 富裕—貧（ ）

類義語

6. 省略—（ ）愛
7. 同僚—同（ ）
8. 翼下—（ ）下
9. 補塡—補（ ）
10. 興廃—（ ）盛

かつ・きゅう・ぐ・さん・じゅう
すい・せん・てっ・はい・ばく

ONE Point

「対義語」について
「漢検」では反対語と対応語を合わせて「対義語」としています。一対の熟語として覚えることが大切です。

対義語・類義語

練習1

次の（　）から**対義語**の関係になる組み合わせを一組選び、その**記号**を（　・　）に記せ。

解答は別冊P.14

1　ア 概況　イ 委託　ウ 委細　エ 概略
（　・　）

2【ヒント：似た意味の字を重ねている語に注目。】　ア 緩慢　イ 緩急　ウ 速達　エ 敏速
（　・　）

3　ア 拘泥　イ 拘禁　ウ 釈放　エ 釈然
（　・　）

4　ア 遜色　イ 不肖　ウ 謙遜　エ 不遜
（　・　）

5【ヒント：「体」を形容する語に注目。】　ア 硬質　イ 柔軟　ウ 閉塞　エ 硬直
（　・　）

6　ア 拒否　イ 拒止　ウ 受諾　エ 内諾
（　・　）

7　ア 慢性　イ 勤勉　ウ 勤務　エ 怠慢
（　・　）

8　ア 隆起　イ 欠陥　ウ 鬱勃　エ 陥没
（　・　）

9【ヒント：「心の動き」を表す語に注目。】　ア 魂胆　イ 落胆　ウ 奮闘　エ 発奮
（　・　）

10　ア 煩雑　イ 簡略　ウ 煩悩　エ 懇意
（　・　）

11　ア 威儀　イ 誇示　ウ 名誉　エ 恥辱
（　・　）

2 次の（ ）から類義語の関係になる組み合わせを一組選び、その記号を（ ・ ）に記せ。

1. ア 一目　イ 歴史　ウ 瞭然　エ 歴然
（ ・ ）

2. ア 譲歩　イ 決裂　ウ 謝罪　エ 妥協
（ ・ ）

3. ア 審判　イ 疑似　ウ 疑惑　エ 不審
（ ・ ）
ヒント→「関係性」を表す語に注目。

4. ア 調和　イ 均衡　ウ 排他　エ 功績
（ ・ ）

5. ア 賛辞　イ 真摯　ウ 賛成　エ 同意
ヒント→行動ではなく性質を表す語に着目。
（ ・ ）

6. ア 黙認　イ 無口　ウ 臆病　エ 寡黙
（ ・ ）

7. ア 運命　イ 使命　ウ 任務　エ 任命
ヒント→同じ漢字にまどわされないよう注意。
（ ・ ）

8. ア 不意　イ 不断　ウ 突然　エ 激突
（ ・ ）

9. ア 辛苦　イ 難儀　ウ 苦楽　エ 災難
（ ・ ）

10. ア 遺憾　イ 残念　ウ 遺志　エ 念願
（ ・ ）

11. ア 看病　イ 薬膳　ウ 回復　エ 治癒
（ ・ ）

ONE Point
対義語は一対とは限らない
「謙虚」の対義語がわかりますか？「高慢」「尊大」「横柄」「傲慢」「不遜」などなど…。一対とは限りません。広い視野を持って学習しましょう。

対義語・類義語

練習1

3 次のア・イはそれぞれ対義語の関係になっている。アはその熟語の読みをひらがなで、イはカタカナを漢字に直して（　）に記せ。

実施日 ／
解答は別冊P.14

1. ア 恒久　意味 しばらくの間。
   イ ザンジ

2. ア 充実
   イ クウキョ　ヒント 「むなしい」という意の字を重ねた語。

3. ア 喪失
   イ カクトク

4. ア 騰貴　意味 物価や相場が上がること。
   イ ゲラク

5. ア 愛護
   イ ギャクタイ

6. ア 賢明
   イ グマイ　意味 おろかで道理のわからないこと。

7. ア 凡才
   イ イツザイ

8. ア 軽快
   イ ソウチョウ

9. ア 普遍
   イ トクシュ

10. ア 繁忙
    イ カンサン

94

4 次のア・イはそれぞれ類義語の関係になっている。アはその熟語の読みをひらがなで、イはカタカナを漢字に直して（　）に記せ。

1. ア 尽力
   イ ホンソウ
   ヒント ともに「はしる」意を持つ漢字。

2. ア 死体
   イ イガイ

3. ア 献上
   イ キンテイ
   意味 つつしんでさし上げること。

4. ア 辛抱
   イ ニンタイ
   ヒント ともに「たえる」意を持つ漢字。

5. ア 策略
   イ インボウ

6. ア 籠絡
   イ カイジュウ

7. ア 納得
   イ リョウカイ

8. ア 梗概
   イ アラスジ
   意味 あらまし。

9. ア 猛者
   イ ゴウケツ

10. ア 解雇
    イ ヒメン
    意味 雇っていた人を辞めさせること。
    意味 一方的に役職をとくこと。

ONE Point
「類義語」について
「漢検」では同義語（同意語）と類義語を合わせて「類義語」としています。

対義語・類義語

練習2

実施日 /

解答は別冊P.14・15

1 次の□の語を必ず一度使って漢字に直し、対義語・類義語を記せ。

対義語
1. 粗略 ―（　）
2. 狭量(注) ―（　）
3. 総合 ―（　）
4. 愛好 ―（　）
5. 祝賀 ―（　）

類義語
6. 危惧 ―（　）
7. 中枢 ―（　）
8. 偏屈 ―（　）
9. 起源 ―（　）
10. 外見 ―（　）

あいとう・かくしん・がんこ・かんよう
けんお・ていねい・はっしょう・ふうさい
ぶんせき・ゆうりょ

2 次の□の語を必ず一度使って漢字に直し、対義語・類義語を記せ。

対義語
1. 派遣(注) ―（　）
2. 乾燥 ―（　）
3. 高遠 ―（　）
4. 賛辞 ―（　）
5. 進呈 ―（　）

類義語
6. 混乱(注) ―（　）
7. 沿革 ―（　）
8. 計略 ―（　）
9. 根城(難) ―（　）
10. 面倒 ―（　）

こくひょう・さくぼう・しつじゅん
しょうかん・そうくつ・ちょうだい
ひきん・ふんきゅう・へんせん・やっかい

3 次の□の語を必ず一度使って漢字に直し、対義語・類義語を記せ。

対義語
- ☐ 1 褒賞 ―（　）
- ☐ 2 希薄 ―（　）
- ☐ 3 侵害 ―（　）注
- ☐ 4 巧遅 ―（　）難
- ☐ 5 虚弱 ―（　）

類義語
- ☐ 6 道徳 ―（　）
- ☐ 7 湯船 ―（　）
- ☐ 8 対価 ―（　）
- ☐ 9 断行 ―（　）
- ☐ 10 諧和 ―（　）難

がんけん・かんこう・きょうちょう
せっそく・ちょうばつ・のうこう
ほうしゅう・ようご・よくそう・りんり

4 次の□の語を必ず一度使って漢字に直し、対義語・類義語を記せ。

対義語
- ☐ 1 炎暑 ―（　）
- ☐ 2 飽食 ―（　）難
- ☐ 3 回収 ―（　）難
- ☐ 4 進展 ―（　）
- ☐ 5 拾得 ―（　）

類義語
- ☐ 6 工事 ―（　）難
- ☐ 7 根絶 ―（　）
- ☐ 8 昼寝 ―（　）注
- ☐ 9 旦夕 ―（　）難
- ☐ 10 交渉 ―（　）

いしつ・きが・ごすい・こっかん・せっしょう
ちょうぼ・ていとん・はんぷ・ふしん・ぼくめつ

ONE Point

類義語は一つとは限らない!! その①

□に漢字を入れて類義語の関係を完成させましょう。

永遠 ― 永①　―　不②　―　無③

① きゅう
② めつ
③ げん

対義語・類義語

練習2

5 次の□の語を必ず一度使って漢字に直し、対義語・類義語を記せ。

対義語
1. 軽侮 ―（　）
2. 過激 ―（　）
3. 明朗 ―（　）【難】
4. 具体 ―（　）
5. 傲慢 ―（　）

類義語
6. 介入 ―（　）
7. 排斥 ―（　）
8. 敢闘 ―（　）
9. 歳月 ―（　）【難】
10. 架空 ―（　）

あんうつ・おんけん・かんよ・きょこう
けんきょ・すうはい・せいそう
そがい・ちゅうしょう・ふんせん

6 次の□の語を必ず一度使って漢字に直し、対義語・類義語を記せ。

対義語
1. 曖昧 ―（　）
2. 解放 ―（　）
3. 凡人 ―（　）
4. 新奇 ―（　）【難】
5. 個別 ―（　）

類義語
6. 勘弁 ―（　）【注】
7. 親友 ―（　）【難】
8. 友好 ―（　）
9. 脅迫 ―（　）
10. 受胎 ―（　）

いかく・いっせい・かんにん・けつぶつ
しんぼく・そくばく・ちき・ちんぷ
にんしん・めいりょう

7 次の□の語を必ず一度使って漢字に直し、対義語・類義語を記せ。

対義語
1 親密 ― ( )
2 放任 ― ( )
3 栽培 ― ( )
4 決裂 ― ( ) 注
5 絶賛 ― ( )

類義語
6 瞬間 ― ( )
7 抜粋 ― ( ) 難
8 心配 ― ( )
9 反逆 ― ( )
10 激励 ― ( )

かんしょう・けねん・こぶ・じせい・しょうろく・せつな・そえん・だけつ・ばとう・むほん

8 次の□の語を必ず一度使って漢字に直し、対義語・類義語を記せ。

対義語
1 購入 ― ( )
2 芳香 ― ( )
3 挫折 ― ( )
4 豊作 ― ( )
5 極端 ― ( ) 難

類義語
6 互角 ― ( )
7 意趣 ― ( ) 難
8 漂泊 ― ( )
9 永遠 ― ( ) 注
10 功名 ― ( )

あくしゅう・えんこん・かんてつ・きょうさく・しゅくん・ちゅうよう・ばいきゃく・はくちゅう・ゆうきゅう・るろう

ONE Point

類義語は一つとは限らない!! その②

□に漢字を入れて類義語の関係を完成させましょう。

根底 ― 根 ① ― ② 盤 ― ③ 台

（①拠 ②審 ③土）

四字熟語

漢検 おもしろゼミ 05

四字が表現する濃厚な世界

略すのが得意な日本人？

一字一字に意味がある「表意文字」である漢字は、二字が合わさり二字熟語となれば表現の世界が広がります。さらに、四字が合体して四字熟語になれば、ますます深く、濃厚な世界を表現することができます。

もちろん「四字が合体して」といっても、「委細面談」や「食欲旺盛」などは、二字の熟語をつなぎ合わせただけのものでしかありません。四字熟語には、中国の故事や古い書物に基づき長く使われてきたもの（「愚公移山（ぐこういざん）」など）や、日本人の生活の中から生み出されたもの（「白砂青松（はくしゃせいしょう）」など）、仏教由来の言葉（「盛者必衰（じょうしゃひっすい）」など）など、一定の由来やいわれを持ったものが多数あります。

私たちの先人は、生きる知恵や多彩な知識を漢字四字に凝縮させ、長い年月をかけて日本語として定着させてきました。これは「略すのが得意な日本人」の素晴らしい業績ともいえるでしょう。

しかし、由来やいわれのある四字熟語には漢字を誤認しがちなものがあります。例えば「温故知新」。「ふるきをたずねて（あたためて）あたらしきをしる」と読み下しますが、「ふるき」という訓読みに影響されて、「温古」と書き誤りがち。同様に「異口同音」（×異句）、「危機一髪」（×一発）などにも注意したい四字熟語です。

■ 四字熟語の組み立て

① 数字が用いられているもの

一喜一憂　一朝一夕　一網打尽　三拝九拝　百鬼夜行　平沙万里
一騎当千　一日千秋　一筆勾消　遮二無二　風流三昧　千載一遇
一世一代　三位一体　七転八倒　千変万化

② 上の二字と下の二字が、意味の似ているもの

悪口雑言　奇奇怪怪　荒唐無稽　堅塞固塁　熟読玩味　大言壮語　粉骨砕身　流言飛語
悪戦苦闘　極楽浄土　金城鉄壁　鼓舞激励　斬新奇抜　青天白日　平身低頭　無我夢中
雲散霧消　酒池肉林　公明正大　沈思黙考　浅学非才　美辞麗句　傲岸不遜　鬱鬱勃勃

③ 上の二字と下の二字が、反対の意味で対応しているもの

外柔内剛　賢明愚昧　巧遅拙速

迷ったら漢字辞典や四字熟語辞典に当たり、言葉の正しい意味と表記、そしてその由来を確認し、確実に身につけたいものです。

四字熟語の組み立て

① 数字が用いられているもの
（例）三三五五　岡目八目　一目瞭然　万緑一紅

② 上の二字と下の二字が、意味の似ているもの
●共通の漢字を用いたもの
（例）空理空論　自暴自棄
●異なる漢字を用いたもの
（例）電光石火　日進月歩
●同じ字を重ねたもの
（例）空空漠漠　平平凡凡

③ 上の二字と下の二字が、反対の意味で対応し合う関係にあります。
（例）遠近交攻　酔生夢死　勧善懲悪
「遠―近」「生―死」「善―悪」のように、反対の意味を強調し合う関係にあります。

④ 一字目と二字目、三字目と四字目がそれぞれ反対の意味の漢字で構成されていて、しかも上下で一対になっているもの
（例）利害得失　離合集散　是非善悪　老若男女

⑤ 上の二字が主語、下の二字が述語の関係になっているもの
（例）意志薄弱（意志が薄弱だ）　六根清浄（六根は清浄である）
「○○は（が）××だ（する）」という関係にあるものです。

⑥ 上の二字が修飾語、下の二字が被修飾語の関係になっているもの、または連続の関係になっているもの
上の二字の意味が下の二字にかかる形です。
（例）暗中模索（暗中を模索する）　我田引水（我田に引水する）

信賞必罰　針小棒大　人面獣心
胆大心小　内疎外親
半醒半睡　不即不離　優勝劣敗

④ 一字目と二字目、三字目と四字目がそれぞれ反対の意味の漢字で構成されていて、しかも上下で一対になっているもの
栄枯盛衰　吉凶禍福　治乱興亡
生殺与奪　理非曲直

⑤ 上の二字が主語、下の二字が述語の関係になっているもの
意味深長　佳人薄命　感慨無量
旧態依然　呉越同舟　主客転倒
終始一貫　生者必滅　大器晩成
眉目秀麗　本末転倒　容姿端麗

⑥ 上の二字が修飾語、下の二字が被修飾語の関係になっているもの、または、連続の関係になっているもの
隠忍自重　単刀直入　堅忍不抜
熟慮断行　前代未聞　昼夜兼行
付和雷同　粒粒辛苦

⑦ 四字が対等の関係にあるもの
花鳥風月　喜怒哀楽
東西南北　春夏秋冬

7 四字が対等の関係にあるもの

(例)冠婚葬祭　起承転結

8 注意すべき組み立ての四字熟語

「五里霧中」という四字熟語は中国の故事に基づきます。「五里霧中（ごりむちゅう）」という人が、仙術で五里四方にわたる濃い霧（五里霧）を起こし、方向を見失わせたという話から出た言葉です。従って、構成は「五里霧」＋「中」となります。意味は「迷ったり手がかりがつかめなかったりして、どうしてよいかわからないこと」「手探りで進む」という意味にも使われます。

故事成語について

四字熟語には、先述の「五里霧中」のように、「故事成語」と呼ばれるものがあります。

故事とは、中国や日本の古い書物に書き残されている事柄のこと（実際にあった出来事や言い伝えも含む）、成語とは、昔の人が何かを伝承するために作った簡潔な言葉のことをいいます。つまり、故事成語は、長い時代を経て語り継がれてきた、人々の知恵や知識を表す特別な意味のある言葉なのです。

故事に基づく四字熟語は、一字一字の漢字の意味を知っていても、その故事そのものを知らなければ、語句の意味が理解できないものがあります。次ページに、いくつか例を挙げておきましたので、故事からどのように四字熟語ができたのか、その成り立ちを確認しておきましょう。

---

⑧注意すべき組み立ての四字熟語

一牛鳴地 ➡ 「一」＋「牛鳴」＋「地」
⇩ 牛の鳴き声が聞こえるほど距離が近いという意味から、極めて距離が近いことをいいます。また、のどかな田園風景の形容としても用いられます。

同じ語構成の四字熟語に「一衣帯水」があります（「一」＋「衣帯」＋「水」）。
「日本と中国は一衣帯水の関係にある」など、極めて密接な関係のたとえに用います。

愛別離苦 ➡ 「愛別離」＋「苦」
⇩ 親子や夫婦など、愛する人との別れのつらさをいう仏教語。

怨憎会苦 ➡ 「怨憎会」＋「苦」
⇩ 憎んでいる人に会わなくてはいけない苦しみをいう仏教語。

「愛別離苦」「怨憎会苦」ともに、人生について回るという「四苦八苦」の一つです。

故事成語の例

【悪木盗泉】
行いの正しい人が避ける悪事のたとえ。
「悪木」は人に有害な木。「盗泉」は泉の名で、孔子は喉が渇いていても、名称が悪いとその水を飲まなかったという。悪い木の陰で休んだり、悪い名の泉の水を飲んだりしただけでも、身がけがれるという意味。
（出典『文選』〈陸機─詩「猛虎行」〉）

【一夜十起】
人間には、何としても私心があるということ。
中国の後漢の第五倫という人は、心が清く公平無私の人で知られていた。あるとき、「あなたのような人でも、私心があるのでしょうか」と問われ、「兄の子が病気になったときは、ひと晩に十回も起きて看病しましたが、寝床に戻ると熟睡できました。ところが、自分の子が病気になったときは、一度も見に行かなくても、心配のあまり一睡もできませんでした。どうして私心がないといえるでしょうか」と答えたという故事による。
（出典『後漢書』〈第五倫伝〉）

【羽化登仙】
酒に酔って、いい気分になることのたとえ。
羽が生えて、仙人のいる世界に登っていくような気分を表す。出典の「飄飄乎として世を遺れて独立し、羽化して登仙するが如し」という文章からできた故事成語。
（出典・蘇軾『前赤壁賦』）

【画蛇添足】
不必要なものを付け足して失敗すること。また、余計なものを付け足してしまうこと。
中国の楚の地方で蛇の絵を描く競争をして、いちばん早く描き上げた者が一杯の酒を飲めることになった。真っ先に描き上げた者が、調子に乗って足まで描いてしまったので、次に描き終えた者に「蛇に足などあるものか」と言われ、酒を奪われてしまったという故事による。略して「蛇足」とも。
（出典『戦国策』〈斉策〉）

【合従連衡】
その時々の利害に応じて、結びついたり離れたりすること。
「従」は縦、「衡」は横の意。中国の戦国時代、西方の大国である秦に対抗するため、縦（南北）に連なった斉・楚・燕・韓・魏・趙の六国が同盟して当るべきだというのが、蘇秦の説いた「合従」という政策。一方、六国のそれぞれが個別に秦と横（東西）の同盟を結び、おのおのの国の維持をはかるべきだというのが、張儀の説いた「連衡」という政策である。
（出典『史記』〈孟子伝〉）

【愚公移山】
諦めることなくひたすら努力を続ければ、最後には必ず成功するということ。
中国の愚公という老人が二つの山の北側に住んでいた。たいそう不便だったので山を取り除こうと考えたが、それを嘲笑する者もいた。しかし、愚公は「子や孫の代、さらにその子や孫の代までかかれば、できないことはない」と、山を崩しにかかった。それを見た天帝が愚公の熱意に感じて、二つの山をほかに移してやったという故事による。
（出典『列子』〈湯問〉）

【不解衣帯】
不眠不休で一つのことに専念すること。着替えもせずに、仕事に熱中すること。
中国の前漢の王莽は、伯父の看病のため、着替えや入浴、洗髪の時間も惜しんで事に当たったという故事から。「衣帯を解かず」ともいう。
（出典『漢書』〈王莽伝〉）

103

四字熟語

ウォーミングアップ

1 次の□には共通の漢字一字が入る。（　）にその**漢字**を記し、**四字熟語**を完成させよ。

1. 前代□聞／人跡□踏
2. □胆不敵／公明正□
3. 怪力□神／狂喜□舞
4. 傍若□人／感慨□量
5. 悠悠自□／悠□者生存

6. 籠鳥恋□／□散霧消
7. 迅速□断／因□応報
8. 換□奪胎／粉□砕身
9. 山紫□明／明鏡止□
10. 秋霜烈□／□進月歩
11. 天下□平／□然自若
12. 抜山□世／方底円□

2

次はいずれも漢数字を使った四字熟語である。□に入る漢数字を（　）に記し、**四字熟語**を完成させよe。

1. 雲泥□里
2. 悪事□里
3. 破綻□出
4. 再三再□
5. 載□一遇
6. 岡目□目
7. 牛□一毛
8. 千客□来
9. 冷汗□斗
10. 筆□勾消
11. □里霧中

12. 拝□九拝
13. □分九厘
14. □転八倒
15. □人十色
16. □律背反
17. □根清浄
18. 三位□体
19. 風流□味
20. 面壁□年

ONE Point
四字が対等の四字熟語は実は少数派

四字熟語の多くは二字の熟語を重ねてできています。「春夏秋冬」「起承転結」のように四つの字が対等に並ぶものは僅かしかありません。

四字熟語

練習1

1 次の□に入る語を後の□から選び、**漢字**に直して**四字熟語**を完成させよ。

1. 名□自性 　意味：名前はそのものの本質を表すこと。
2. 苦□勉励
3. 孤立無□
4. 越□同舟
5. 温□知新
6. 酒□肉林 　意味：ぜいたくの限りを尽くした豪華な酒宴。
7. 疾風□雷 　意味：行動が素早く激しいさま。
8. 口□牛後
9. □刀直入
10. 佳人□命

えん・けい・こ・ご・こつ・じん・せん・たん・ち・はく

---

2 次の□に入る語を後の□から選び、**漢字**に直して**四字熟語**を完成させよ。

1. 厚顔無□
2. 軽挙□動 　意味：軽はずみに行動すること。
3. 東□西走
4. 有為□変
5. 多□亡羊 　意味：方針が多すぎて選択に迷うたとえ。
6. 内□外患
7. 一目□然
8. □和雷同
9. 執行猶□
10. 痩骨□骸

き・きゅう・ち・てん・ふ・ほん・もう・ゆう・よ・りょう

3

次の□に入る語を後の□から選び、漢字に直して**四字熟語**を完成させよ。

1. 栄□盛衰
2. 苛政□虎
3. 時期□早
4. 喜怒□楽
5. 堅□不抜　意味：意志が強く困難にも動じないこと。
6. 支□滅裂　意味：ばらばらで筋道が立っていないこと。
7. 一網打□
8. 怒□衝天
9. □岸不遜
10. 忙中有□　意味：多忙の中にも、多少の一息つく時間があること。

あい・かん・こ・ごう・しょう
じん・にん・はつ・もう・り

4

次の□に入る語を後の□から選び、漢字に直して**四字熟語**を完成させよ。

1. 善懲悪
2. 大□一声　意味：大声でどなりつけたり、叱りつけたりすること。
3. 異国情□
4. 一□当千
5. 望□絶佳
6. 半□半睡
7. 難□不落
8. 大□徹底　意味：煩悩を絶ち切った心境になること。
9. 面目□如
10. 温厚□実

かつ・かん・き・ご・こう
せい・ちょ・ちょう・とく・やく

> **ONE Point**
>
> 四字熟語、調べるならば由来まで
> 中国や日本の故事・古典から生まれてきた四字熟語は、意味だけでなく、その来歴まで調べると理解が深まります。

四字熟語

練習1

5 次の□に入る語を後の□から選び、**漢字**に直して**四字熟語**を完成させよ。

解答は別冊P.16

1. 天□孤独
2. 一陽□来 意味:悪運が続いたあと幸運に向かうこと。
3. 同工□曲
4. 破邪□正 意味:不正を打破し、正義を守ること。
5. 堅□塞固 意味:非常に堅固なたとえ。
6. 荒唐無□
7. 綱紀□正
8. 飲馬食
9. 閑話□題 意味:それはさておき。
10. 疑心暗□

い・がい・き・きゅう・けい
げい・けん・しゅく・ふく・るい

---

6 次の□に入る語を後の□から選び、**漢字**に直して**四字熟語**を完成させよ。

1. 深□遠慮
2. 自縄自□
3. 不□不党
4. 森羅万□ 意味:宇宙に存在するすべてのもの。
5. 煎□水作 ヒント:「不可能」の意。水を煮つめても作れないものは?
6. 清□潔白
7. 断□絶壁
8. 当代□一
9. □二無二
10. 忍□自重 意味:行いを慎み軽率にしないこと。

いん・がい・しゃ・しょう・ずい
ばく・ひょう・へん・ぼう・れん

7

次の( )に入る語を後の□から選び、漢字に直して四字熟語を完成させよ。

1 熟読( )
2 正真( )
3 容姿( )
4 （ ）奇策
5 （ ）弄月　意味：自然の景色を題材に即興詩を作ること。
6 相互( )
7 （ ）代謝　意味：新しいものが古いものにとって代わること。
8 極楽( )
9 詩歌( )　意味：文学や音楽のこと。
10 群雄( )

かっきょ・かんげん・がんみ・ぎんぷう・
じょうど・しょうめい・しんちん・
たんれい・ふじょ・みょうけい

8

次の( )に入る語を後の□から選び、漢字に直して四字熟語を完成させよ。

1 天衣( )　意味：飾り気がなく自然であること。
2 勢力( )
3 周知( )
4 襲名( )
5 （ ）奇抜
6 （ ）心小
7 袖手（ ）　意味：何もせずそばで見ていること。
8 率先( )
9 （ ）努力
10 粒粒( )　意味：こつこつと努力や苦労を重ねること。

ざんしん・しんく・すいはん・たんだい・てってい・
はくちゅう・ひろう・ふんれい・ぼうかん・むほう

ONE Point

上と下の二字が似た意味で対応している例

自暴	自棄
浅学	非才
広大	無辺
沈思	黙考

四字熟語

練習2

実施日 /

解答は別冊P.17

1 次の（ ）に入る語を後の□から選び、漢字に直して四字熟語を完成させよ。

1. 危機（　　）
2. 針小（　　）
3. 文人（　　）
4. 意味（　　）注
5. 外柔（　　）
6. （　　）末節
7. （　　）協同 難
8. （　　）鬼没 難
9. （　　）双樹 難
10. （　　）冬扇

いっぱつ・かろ・さら・しょう
しんしゅつ・しんちょう・ないごう
ぼうだい・ぼっかく・わちゅう

2 次の（ ）に入る語を後の□から選び、漢字に直して四字熟語を完成させよ。

1. 衆人（　　）注
2. 意気（　　）
3. 深山（　　）難
4. 旧態（　　）
5. 拍手（　　）
6. （　　）応変
7. （　　）扇動
8. （　　）自在
9. （　　）頓挫
10. （　　）一刻 難

いぜん・かっさい・かんきゅう
かんし・きょうさ・しゅんしょう
そそう・ゆうこく・よくよう・りんき

3 次の（　）に入る語を後の□から選び、漢字に直して四字熟語を完成させよ。

1 （　）直下
2 （　）暮改
3 （難）（　）腹背
4 （　）秩序
5 （　）秀麗

6 平身（　）
7 唯唯（　）
8 （難）白砂（　）
9 無為（　）
10 取捨（　）

あんねい・きゅうてん・せいしょう
せんたく・だくだく・ちょうれい
ていとう・としょく・びもく・めんじゅう

4 次の（　）に入る語を後の□から選び、漢字に直して四字熟語を完成させよ。

1 （　）飽食
2 （　）異夢
3 （　）洋才
4 （　）実直
5 （難）（　）外親

6 空中（　）
7 名誉（　）
8 （注）縦横（　）
9 順風（　）
10 離合（　）

きそん・きんげん・しゅうさん・だんい・どうしょう
ないそ・まんぱん・むじん・ろうかく・わこん

ONE Point

上の二字と下の二字が反対の意味で対応している例

信賞│必罰
大同│小異
人面│獣心

四字熟語

練習2

5 次の( )に入る語を後の□から選び、漢字に直して四字熟語を完成させよ。

1. 誇大( )
2. 初志( )
3. 進取( )
4. 精進( )
5. 百八( )
6. ( )妥当
7. ( )得喪
8. ( )淑女
9. ( )切切
10. ( )変化

かかん・かふく・かんてつ・けっさい
しんし・せいせい・ふへん
ぼんのう・もうそう・ようかい

6 次の( )に入る語を後の□から選び、漢字に直して四字熟語を完成させよ。

1. 情状( )
2. 鬱鬱( )
3. 月下( )
4. 金城( )
5. 高論( )
6. ( )息災
7. ( )令色
8. ( )千万
9. ( )実実
10. ( )強記

いかん・えんめい・きょきょ
こうげん・しゃくりょう・たくせつ
とうち・はくらん・ひょうじん・ぼつぼつ

7 次の（　）に入る語を後の□から選び、漢字に直して**四字熟語**を完成させよ。

1. 本末（　）
2. 興味（　）
3. 遠慮（　）
4. 羊質（　）【難】
5. 片言（　）
6. 無二（　）
7. 満面（　）
8. 落日（　）【注】
9. 北馬（　）
10. 雨読（　）

えしゃく・きしょく・こじょう・
しんしん・せいこう・せきご・
てんとう・なんせん・ゆいいつ

8 次の（　）に入る語を後の□から選び、漢字に直して**四字熟語**を完成させよ。

1. 直情（　）【注】
2. 大言（　）
3. 英俊（　）【難】
4. 竜頭（　）
5. 汗牛（　）【難】
6. （　）玉条
7. （　）高吟
8. （　）万紅
9. （　）非才
10. （　）明快

きんか・けいこう・ごうけつ・
せんがく・せんし・そうご・
たび・ほうか・ろんし

ONE Point

上と下の熟語が**主語・述語の関係**になっている例

| 玉石｜混交 |
| 主客｜転倒 |
| 大器｜晩成 |

113

四字熟語

練習2

実施日 /

解答は別冊P.19

9 次の（ ）に入る適切な語を [　] から選び、漢字に直して四字熟語を完成せよ。また、その四字熟語の**意味**を後の a〜e から選び、[　] に**記号**で記せ。

1 ☐ 陶犬（　）閉花　［意味　］
2 ☒難 陶犬（　）独尊
3 ☐ （　）独尊
4 ☐ （　）壮大
5 ☐ 快刀（　）

がけい・きう・しゅうげつ・ゆいが・らんま

〈意味〉
a 自分だけが優れているとうぬぼれること。
b こじれた物事を、手際よく処理すること。
c 容姿の美しい女性のたとえ。
d 心構えや発想が大きく立派なこと。
e 格好ばかりで役に立たないもののたとえ。

---

10 次の（ ）に入る適切な語を [　] から選び、漢字に直して四字熟語を完成せよ。また、その四字熟語の**意味**を後の a〜e から選び、[　] に**記号**で記せ。

1 ☐ （　）北斗
2 ☐ 昼夜（　）
3 ☒注 酔生（　）
4 ☒難 （　）積玉
5 ☐ 万緑（　）　［意味　］

いっこう・けんこう・たいきん・たいざん・むし

〈意味〉
a 休まず物事をし続けること。
b 非常に多くの富を集めること。
c 多くの中で目立って優れているもの。
d 何をなすこともなく、ぼんやりと生涯を過ごすこと。
e その分野での第一人者。

11 次の（　）に入る適切な語を 〔　〕 から選び、漢字に直して四字熟語を完成せよ。また、その四字熟語の**意味**を後のa〜eから選び、〔　〕に記号で記せ。

1　（　）邪説　　　〔　〕意味
2　（　）添花　　　〔　〕意味【難】
3　質実（　）　　　〔　〕意味
4　生殺（　）　　　〔　〕意味
5　（　）連理　　　〔　〕意味

いたん・きんじょう・ごうけん・ひよく・よだつ

〈意味〉
a 男女の情愛が深く、仲むつまじいことのたとえ。
b 他のものを自分の思うままに支配すること。
c 美しいものの上にさらに美しいものを加えること。
d 正統からはずれている思想・信仰・学説。
e 飾り気がなく真面目で、心身ともに強くたくましいこと。

12 次の（　）に入る適切な語を 〔　〕 から選び、漢字に直して四字熟語を完成せよ。また、その四字熟語の**意味**を後のa〜eから選び、〔　〕に記号で記せ。

1　合従（　）【注】　〔　〕意味
2　甘言（　）　　　〔　〕意味
3　（　）飛語　　　〔　〕意味
4　四分（　）　　　〔　〕意味
5　（　）万丈　　　〔　〕意味

きえん・ごれつ・みつご・りゅうげん・れんこう

〈意味〉
a 確かな根拠のない、いい加減なうわさ。
b ばらばらになること。
c 状況に応じて結びついたり離れたりすること。
d 他を圧倒するほど威勢がよいこと。
e 相手に取り入るための甘い言葉。

> **ONE Point**
> 上と下の二字もそれぞれ反対の意味を持ち、かつ上と下の熟語が対応している例
> 老若｜男女
> 理非｜曲直
> 利害｜得失

送りがな

おもしろゼミ 06 漢検

たかが「一字」、されど「一字」?

「一字」が万事を肝に銘じて!

中国から伝わった「漢字」。漢字をもとに日本人が発明した「かな」。書き言葉としての日本語の特色は、この「漢字」と「かな」の交じったり、「漢字かな交じり文」を用いているところにあります。表意文字(一字一字に意味がある文字)と表音漢字(音だけを表している文字)を一緒に使う言語は、世界的にもまれだといって良いでしょう。

日本にもともとあった「やまとことば」は表記の手段を持ちませんでしたが、漢字と組み合わせることで表記が可能となりました。この際では、動詞や形容詞・形容動詞などと呼ばれる活用語は、活用した際の違いを表記のうえで一体どのように処理したのでしょうか。この問題を解決する鍵となるのが「送りがな」なのです。

送りがなとは、読んだ人が間違いなく意味を理解できるように、動詞や形容詞などの活用語尾を「かな」で書き表したものです。

もし送りがなのつけ方にルールがなかったら、どう読むでしょうか。「魚が焦るので、弱火で焼きましょう」はどう読みますか? 「魚があせるので……」「魚がこがれるので……」というのも、絵本や物語ならともかく、現実的ではありません。ここでようやく「魚がこげるので……」だと判話です。「魚が焦るので……」、焼かれる魚があせるというのもおかしな

内閣告示
「送り仮名の付け方」
昭和四十八年六月十八日
昭和五十六年十月一日 一部改正
平成二十二年十一月三十日 一部改正

本則
活用のある語(通則2を適用する語は除く)は、活用語尾を送る。

■ 1 単独の語
通則1
❶ 活用のある語

〈例〉
憤る　承る　書く　実る　催す　生きる……動詞
陥れる　考える　助ける
荒い　惜しい　恋しい　珍しい……形容詞
潔い　賢い　濃い
主だ……形容動詞

例外
〈例〉①語幹が「し」で終わる形容詞は、「し」から送る。
著しい　惜しい　恋しい　珍しい

②活用語尾の前に「か」、「やか」、「らか」を含む形容動詞は、その音節から送る。
暖かだ　細かだ　静かだ　穏やかだ
健やかだ　和やかだ　明らかだ　柔らかだ
平らかだ　滑らかだ

③次の語は、次に示すように送る。
〈例〉
明らむ　味わう　哀れむ　慈しむ　教わる
脅かす　脅かす　関わる　食らう　異なる
逆らう　捕まる　群がる　和らぐ　揺する
明るい　危ない　危うい　大きい　少ない

「送りがな」とは

できます。「焦げる」と最初から書いてあれば、一つ一つ検証しなくても意味を把握できるのに、送りがなのつけ方にルールがないと、ずいぶん遠回りが必要になります。

もう一つ例を挙げましょう。「さずける」と「さずかる」は正反対の意味ですが、「賞を授る」だと区別がつきません。あげたのなら「授ける」、もらったのなら「授かる」としなければ、意味が通じません。そこにたった一字の「かな」があるかないかで、意味が全く違ってくる「送りがな」。まさに「たかが一字、されど一字」というわけです。

このように、複数の訓を持つ漢字では、多くの場合、前後の文脈や送りがなで読み方を判断することになります。送りがなあっての日本語であればこそ、「一字」が万事を、ぜひ肝に銘じてください。

漢字を訓読みする場合、多くは動詞・形容詞・形容動詞など活用のある語（用言）の活用語尾や、それら用言の連用形などからできた名詞の語尾などを明示するために、漢字に「かな」を添えて書き表します。こうした漢字の補助として使われるかなを「送りがな」といいます。「送りがな」はもとは漢文を日本語に訳すときに、日本語での読み方を示すために、原文の漢字のそばに書き添えただけのものでした。書き添えられたものは、書いた人自身の「メモ」のようなもので、その人がわかれば良しとされていました。また、前後の文脈から別の読みの可能性がなければつける必要はないと、軽く扱われてきました。こうして、意味が通れば送りがなは気にしないという時代は長く続きました。そのため、焦る・焦げる・焦げるはいずれも「焦る」でも良かったのです。

許容

次の語は、（　）の中に示すように、活用語尾の前の音節から送ることができる。

表す（表わす）
著す（著わす）
現れる（現われる）
行う（行なう）
断る（断わる）
賜る（賜わる）

注意

語幹と活用語尾との区別がつかない動詞は、例えば、「着る」、「寝る」、「来る」などのように送る。

通則2

本則　活用語尾以外の部分に他の語を含む語は、含まれている語の送り仮名の付け方によって送る。〈含まれている語を〔　〕の中に示す〉

① 動詞の活用形又はそれに準ずるものを含むもの。

例

動かす〔動く〕　照らす〔照る〕
語らう〔語る〕　計らう〔計る〕
向かう〔向く〕　浮かぶ〔浮く〕
生まれる〔生む〕　押す〔押す〕
捕らえる〔捕る〕　勇ましい〔勇む〕
輝かしい〔輝く〕　喜ばしい〔喜ぶ〕
晴れやかだ〔晴れる〕　及ぼす〔及ぶ〕
積もる〔積む〕　聞こえる〔聞く〕
頼もしい〔頼む〕　起こる〔起きる〕
落とす〔落ちる〕　暮らす〔暮れる〕
冷やす〔冷える〕　当たる〔当てる〕
終わる〔終える〕　変わる〔変える〕
集まる〔集める〕　定まる〔定める〕
連なる〔連ねる〕　交わる〔交える〕
混ざる・混じる〔混ぜる〕　恐ろしい〔恐れる〕

小さい　冷たい　新ただ　同じだ
盛んだ　平たい　甚だ　哀れだ
幸いだ　甦（よみがえ）る　惨めだ
幸せだ　巧みだ

「送りがな」のつけ方

送りがなは長い間、曖昧にされてきました。明治時代以降、ようやく読む人が読み方を間違えないようにすることを前提に、送りがなのつけ方のルール化が試みられました。現在の送りがなのつけ方に関する決まりは昭和48年に告示されたもので、その後、昭和56年および平成22年に一部が改正されています。

このように、送りがなのつけ方のよりどころとなるのは、前述の内閣告示「送り仮名の付け方」です。その基本的趣旨は、「現代の国語を書き表す場合の送り仮名の付け方のよりどころを示すもの」とされています。

この「送り仮名の付け方」は、「前書き」(「本文の見方及び使い方」を含む)と「本文」(「付表の語」を含む)からなります。本文は全体を大きく「単独の語と複合の語」とに分け、それぞれを「活用のあるなし」によってまとめたもので、七つの[通則](送り仮名の付け方に関する基本的な法則)からなっています。各[通則]には、[本則]のほかに、[例外][許容]あるいは[注意]が付されているのが特色です。

主な用語の意味は、次のとおりです。

[本則]……送り仮名のつけ方に関する基本的な法則と考えられるもの

[例外]……本則には合わないが、慣用として行われていると認められるものであって、これによるもの

[許容]……本則による形とともに、慣用として行われていると認められるものであって、本則以外に、これによってよいもの

[付表の語]……「常用漢字表」の付表に掲げられている語のうち、送りがなのつけ方が問題となる語

---

② 形容詞・形容動詞の語幹を含むもの。

【例】
重んずる〔重い〕
怪しむ〔怪しい〕
苦しがる〔苦しい〕
重たい〔重い〕
古めかしい〔古い〕
憎らしい〔憎い〕
確かめる〔確かだ〕
柔らかい〔柔らかだ〕
細かい〔細かだ〕
清らかだ〔清い〕
高らかだ〔高い〕
寂しげだ〔寂しい〕
若やぐ〔若い〕
悲しむ〔悲しい〕

【例】
汗ばむ〔汗〕
春めく〔春〕
後ろめたい〔後ろ〕

【許容】
読み間違えるおそれのない場合は、活用語尾以外の部分について、次の( )の中に示すように、送り仮名を省くことができる。

【例】
浮かぶ(浮ぶ)
押さえる(押える)
晴れやかだ(晴やかだ)
積もる(積る)
起こる(起る)
暮らす(暮す)
終わる(終る)
生まれる(生れる)
捕らえる(捕える)
聞こえる(聞える)
落とす(落す)
当たる(当る)
変わる(変る)

【例】
先んずる〔先〕
男らしい〔男〕

③ 名詞を含むもの。

---

② 活用のない語

【通則3】
【本則】 名詞(通則4を適用する語を除く)は、送り仮名を付けない。

〔注意〕次の語は、それぞれ( )の中に示す語を含むものとは考えず、通則1によるものとする。
明るい〔明ける〕
荒い〔荒れる〕
悔しい〔悔いる〕
恋しい〔恋う〕

下段に「本則」のほかに、「例外」「許容」などを掲げておきましたので、参考にしてください。特に活用語の場合は、語幹と活用語尾を意識することが大切なポイントになりますので、この点にも留意しましょう。

1 活用のある語は、活用語尾を送る。(通則1の本則による)

通則2を適用する語は除きますが、動詞なら「承る」「考える」「催す」のように送ります。形容詞なら「賢い」「濃い」、形容動詞なら「主だ」のように送ります。ただし、これには次のような例外もあります。

・「惜しい」のように、語幹が「し」で終わる形容詞は、「し」から送る。
・「静かだ」「和やかだ」のように、活用語尾の前に「か」、「やか」、「らか」を含む形容動詞は、その音節から送る。

また、誤読を避けるために、活用語尾の一つ前の音節から送るという例外もあります。(「明らむ」「少ない」「新ただ」「平らだ」など)

2 活用語尾以外の部分に他の語を含む語は、含まれている語の送り仮名の付け方によって送る。(通則2の本則による)

「かたらう」という動詞は、「語る」という動詞の未然形「語ら」を含んでいます。ですから、「語る」の送りがなのつけ方によって「語らう」と送るという意味です。また、「苦しがる」(⇔苦しい)や「細かい」(⇔細かだ)のように、形容詞や形容動詞の語幹を含むもの、「汗ばむ」(⇔汗)のように、名詞を含むものなども、これに当てはまります。

3 名詞は、送り仮名を付けない。(通則3の本則による)

「花」「女」「彼」「何」など活用のない語には、送りがなはつけません。ただし、「幸い」「便り」「誉れ」など、例外として最後の音節を送るものもあります。数をかぞえる「つ」を含む名詞は、その「つ」を「一つ」「幾つ」のように送ります。

例外
月 鳥 花 山 男 女 彼 何

例外
① 辺り 哀れ
 幸い 勢い
 情け 幾ら
 斜め 互い 後ろ
 独り 便り 傍ら
 誉れ 半ば
 自ら 災い

② 数をかぞえる「つ」を含む名詞は、その「つ」を送る。
例 一つ 二つ 三つ 幾つ

通則4
本則 活用のある語から転じた名詞及び活用のある語に「さ」、「み」、「げ」などの接尾語が付いて名詞になったものは、もとの語の送り仮名の付け方によって送る。

① 活用のある語から転じたもの。
例 動き 仰せ 薫り 曇り 調べ
 届け 恐れ 晴れ 当たり 代わり
 願い 狩り 答え 問い 祭り
 向かい 群れ 憩い 香り
 初め 憂い 極み
 近く
 明るみ 遠く
 重み
 大きさ 正しさ 確かさ 憎しみ 惜しげ

② 「さ」、「み」、「げ」などの接尾語が付いたもの。
例 暑さ 大きさ 正しさ 確かさ
 明るみ 重み 憎しみ 惜しげ

例外 次の語は、送り仮名を付けない。
 謡 虞 趣 氷 印 頂 畳 卸
 煙 恋 志 次 帯 隣 富 恥
 舞 折 係 掛 話 並 巻 肥組

[注意] (省略)

[許容] 読み間違えるおそれのない場合は、次の

4 活用のある語から転じた名詞及び活用のある語に「さ」、「み」、「げ」などの接尾語が付いて名詞になったものは、もとの語の送り仮名の付け方による。(通則4の本則による)

動詞「祭る」から転じた「祭り」、「群れる」から転じた「群れ」、あるいは、形容詞「暑い」から転じた「暑さ」、「明るい」から転じた「明るみ」などは、もとの用言に基づいて送るということです。ただし、例外として「卸」「恥」などのように、送りがなをつけない語もあります。

5 副詞・連体詞・接続詞は、最後の音節を送る。(通則5の本則による)

「必ず」(副詞)、「来る」(連体詞)、「及び」(接続詞)のように送るという意味です。例外として「大いに」「直ちに」「並びに」などがあり、「又」には送りがなをつけません。さらに、「少なくとも」は「少ない」を含む語なので、含まれている語の送りがなのつけ方によって送ります。

6 複合の語の送り仮名は、その複合の語を書き表す漢字の、それぞれの音訓を用いた単独の語の送り仮名の付け方による。(通則6の本則による)

通則7を適用する語は除きます。その複合の語も「向かう」「合わせる」「心細い」のように送ります。例えば「向かい合わせる」「心細い」と、それぞれの送りがながなにならって送ります。活用のない語も同じで、「生き物」「無理強い」などと送ります。

7 複合の語のうち、地位・身分・役職名等の名や、工芸品の名に用いられた「織」、「染」、「塗」など、特定の領域の語や、一般に慣用が固定していると認められるものには、送り仮名を付けない。(通則7による)

役職名の「取締役」、工芸品の「鎌倉彫」、慣用が固定していると認められる「並木」「物語」「夕立」などは送りがなをつけないということです。「浮つく」「お巡りさん」「手伝う」などは、この通りに送ります。

［付表の語］

■ 2複合の語

通則6

本則 複合の語(通則7を適用する語を除く)の送り仮名は、その複合の語を書き表す漢字の、

通則5

本則 副詞・連体詞・接続詞は、最後の音節を送る。

例
必ず　更に　少し　既に　再び　全く　最も……副詞
来る　去る　直ちに　並びに　若しくは……連体詞
及び　且つ　但し……接続詞

例外
① 次の語は、次に示すように送る。
明くる　大いに　直ちに　並びに　若しくは
② 次の語は、送り仮名を付けない。
又
③ 次のように、他の語を含む語は、含まれている語の送り仮名の付け方によって送る。(含まれている語を〔　〕の中に示す)
明るい〔明〕
併せて〔併せる〕
恐らく〔恐れる〕
絶えず〔絶える〕
努めて〔努める〕
少なくとも〔少ない〕
必ずしも〔必ず〕
至って〔至る〕
従って〔従う〕
例えば〔例える〕
辛うじて〔辛い〕
互いに〔互い〕

例
曇り〔曇〕　届け〔届〕　願い〔願〕　晴れ〔晴〕
当たり〔当り〕　代わり〔代り〕　向かい〔向い〕
狩り〔狩〕　答え〔答〕
群れ〔群〕　憩い〔憩〕
問い〔問〕　祭り〔祭〕

( )の中に示すように、送り仮名を省くことができる。

120

す。「息吹」「桟敷」「名残」「行方」などは送りがなをつけません。

それぞれの語を用いた単独の語の送り仮名の付け方による。

「送りがな」Q&A

●「少なくない」か「少くない」か

「すくなくない」は「すくない」に「ない」の接続した形です。「すくない」は、本則としては「少い」と、「い」だけを送ればよいので、これに従えば、「すくなくない」は「少くない」と書き表すことになります。しかし、これでは「すくなくない」ではなく「少くない」と誤読される虞があります。そこで「すくない」は、通則1の例外で「少ない」と「な」から送ることにしました。読みにくさを避けて、慣用を尊重した例です。

●「交わる」か「交る」か「交じわる」か

「まじえる」は「え、え、える、える、えれ、えろ」と活用するので、通則1により「交える」と送ります。一方、「まじわる」は「ら、り、る、れ、れ」と活用するので「交る」と送ればよいのですが、通則2によって、「交える」との対応から「交わる」と送ります。また「交じわる」とも間違えやすいので注意しましょう。

●「お話しします」か「お話します」か

通則4の例外に「次の語は、送り仮名を付けない。」とあり、そこに「話」があります。ほかに「組、煙、恋、志、次、恥、光、舞」などがあります。[注意]に、次のようにあります。

ここに掲げた「組」は、「花の組」、「赤の組」などのように使ったときであり、例えば、「活字の組みがゆるむ」などとして使う場合の「くみ」を意味するものではない。（中略）動詞の意識が残っているような使い方の場合は、この例外に該当しない。したがって、本則を適用して送り仮名を付ける。

「おはなしします」は、「お聞きします」「お話しします」などと同じ動詞の連用形と考え、「話す」の連用形「話し」から「お話しします」と表記するのが妥当です。

通則7

複合の語のうち、次のような名詞は、慣用に従って、送り仮名を付けない。

① 特定の領域の語で、慣用が固定していると認められるもの。

例（省略）

ア　地位・身分・役職等の名。
　　関取　頭取　取締役　事務取扱

イ　工芸品の名に用いられた「織」、「染」、「塗」等。
　　（博多）織　（型絵）染　（春慶）塗
　　（鎌倉）彫　（備前）焼

ウ　その他
　　書留　気付　切手　消印　小包　振替（以下略）

注意

② 一般に、慣用が固定していると認められるもの。

例（省略）

奥書　木立　子守　献立　座敷　試合
字引　場合　羽織　葉巻（以下略）

---

① 活用のある語

例
書き抜く　流れ込む　申し込む
打ち合わせる　向かい合わせる

② 活用のない語

例
石橋　竹馬　山津波　後ろ姿（以下略）

許容　読み間違えるおそれのない場合は、次の（　）の中に示すように、送り仮名を省くことができる。

例
書き抜く（書抜く）　申し込む（申込む）
打ち合わせる（打合せる・打合せる）
向かい合わせる（向い合せる）（以下略）

ウォーミングアップ 送りがな

1 次のことばを漢字と送りがなに直したとき、正しいものをそれぞれア・イから選び、記号を（　）に記せ。

1. あおぐ　ア 仰ぐ　イ 仰おぐ　（　　）
2. あきる　ア 飽る　イ 飽きる　（　　）
3. いためる　ア 傷ためる　イ 傷める　（　　）
4. たっとい　ア 貴とい　イ 貴い　（　　）
5. つぐなう　ア 償う　イ 償なう　（　　）
6. つつしむ　ア 謹む　イ 謹しむ　（　　）
7. ととのえる　ア 調のえる　イ 調える　（　　）
8. はげます　ア 励す　イ 励ます　（　　）
9. あこがれる　ア 憧れる　イ 憧がれる　（　　）
10. はなはだ　ア 甚だ　イ 甚はだ　（　　）
11. したう　ア 慕う　イ 慕たう　（　　）
12. わずらう　ア 煩らう　イ 煩う　（　　）
13. うらめしい　ア 恨しい　イ 恨めしい　（　　）

問	読み	ア	イ
14	うえる	飢る	飢える
15	かかる	懸る	懸かる
16	さがす	捜す	捜がす
17	さとす	諭とす	諭す
18	しぶい	渋い	渋ぶい
19	すたれる	廃たれる	廃れる
20	せばめる	狭ばめる	狭める
21	ちかう	誓かう	誓う
22	わずかに	僅かに	僅ずかに
23	ねばる	粘る	粘ばる
24	ともなう	伴う	伴なう
25	とむらう	弔う	弔らう

ONE Point

「送り仮名の付け方」（P.116下段）の見方・使い方①

[通則] とは、「送り仮名の付け方」の基本的な法則をいいます。[本則] のほかに必要に応じて [例外]「許容」があります。

送りがな

練習 1

1 次の——線の漢字を例にしたがって訓読みの終止形にし、送りがなはひらがなで（ ）に記せ。

(例) 窮乏（乏しい）

1. 贈与　　【ヒント】下一段活用の動詞になる。（　　）
2. 眺望（　　）
3. 諦観（　　）
4. 襲来（　　）
5. 渋滞　　【ヒント】訓読みは「とどこおる」。（　　）
6. 偏執（　　）
7. 薫風（　　）
8. 妨害　　【ヒント】訓読みは「さまたげる」。（　　）
9. 遮光　　【ヒント】下を目的語とする熟語の構成に注目。（　　）
10. 勧誘（　　）
11. 合併　　【ヒント】同じ訓を持つ漢字同士だが送りがなは違う。（　　）
12. 挑発（　　）
13. 回顧　　【ヒント】上一段活用の動詞になる。（　　）
14. 稼働（　　）
15. 修繕（　　）

2

次の漢字を例にしたがって訓読みの終止形をひらがなで記し、**送りがな**の部分には――線をつけよ。答えが二つあるものは併記せよ。

(例) 担 (かつぐ・になう)

1. 欺 (　　　)
2. 罵 (　　　)
3. 息 (　　　) ヒント 訓が二つあるので答えも二つある。
4. 赴 (　　　)
5. 紡 (　　　)
6. 潜 (　　　) ヒント 訓が二つあるので答えも二つある。
7. 拒 (　　　)
8. 涼 (　　　) ヒント 動詞と形容詞があり、答えは二つある。
9. 薦 (　　　)
10. 鑑 (　　　) ヒント 「先例や実例に照らして考える」という字義がある。
11. 賄 (　　　)
12. 褒 (　　　)
13. 磨 (　　　)
14. 醜 (　　　) ヒント 形容詞の終止形は「い」で終わる。
15. 矯 (　　　)

ONE Point

「送り仮名の付け方」(P.116下段) の見方・使い方②

[本則]「送り仮名の付け方」の基本の法則。

[例外] 本則に合わない送りがなの付け方が、慣用として一定しているもの。また、読み間違いを避けるために、慣用として認められたもの。

練習2

送りがな

1 次の——線のカタカナを漢字一字と送りがな（ひらがな）に直せ。

（例）時間をずらして渋滞を**サケル**。（避ける）

1. 長い入院生活で足の力が**ナエル**。
2. 客を**ネンゴロニ**もてなす。
3. 会議に遅れそうになり**アセル**。
4. 羊の群れが横断して道を**フサグ**。
5. 我々が**ネラウ**のは優勝のみだ。
6. 明日**モシクハ**明後日に伺います。
7. 蜜の**シタタル**ような果物だ。
8. 文章の内容を的確に**トラエル**。
9. 部長の機嫌を**ソコネル**。
10. **ウモレ**た人材を発掘する。

11. 高原を馬が**カケル**。
12. 胸に熱情を**シノバセル**。
13. 夜が**フケル**まで語り合う。
14. **イマワシイ**事件は忘れたい。
15. 試合が近いので気を引き**シメル**。
16. 他人の成功を**ネタム**ばかりだ。
17. **マギラワシイ**商品名だ。
18. 手の**ヨゴレ**を洗い落とす。
19. 木々に春の**キザシ**を見た。
20. 品性のない発言を**サゲスム**。
21. 母犬が子犬を**イツクシム**。
22. 故人を手厚く**ホウムル**。
23. この先は幅員が**セバマル**。
24. 規則を破るとは**ナゲカワシイ**。
25. 弟の**ミダラナ**生活を戒める。

26 友人の逝去を心から**イタム**。
27 **ナツカシイ**映像が心に流れた。
28 **シカル**ばかりが教育ではない。
29 ソフトボール大会を**モヨオス**。
30 会員数が**マタタク**間に増えた。
31 サケが川を**サカノボル**。
32 賛成者が大半を**シメル**。
33 チームの結束が**ホコロビル**。
34 **ムサボル**ように本を読んだ。
35 組織を**スベル**地位につく。
36 人の心を**モテアソブ**発言だ。 注
37 動揺を隠して平静を**ヨソオウ**。
38 お酒を**シイル**のはよくない。
39 参加者の多さに自信が**ユラグ**。
40 武芸に**ヒイデル**人を求める。

41 公園のベンチで**イコウ**。
42 同じ**アヤマチ**は繰り返さない。
43 **サビレ**た古寺を訪ねる。
44 二人は将来を**チギッ**た仲だ。
45 彼は少し金に**イヤシイ**。 注
46 類焼を**マヌカレ**て、ほっとする。
47 雨季には荒野が雨で**ウルオウ**。
48 **ニクラシイ**ほど弁舌が巧みだ。
49 赤ちゃんの手を**ニギル**。
50 **シイタゲ**られた民衆を救いたい。 難

ONE Point

「送り仮名の付け方」(P.116下段)の見方・使い方③

[許容] 本則とともに、本則に合わない送りがなの付け方も慣用として行われ、これによってよいものをいいます。

送りがな

2

次の──線のカタカナを漢字一字と送りがな(ひらがな)に直せ。

(例) 時間をずらして渋滞をサケル。（避ける）

1. ウルワシイ友情物語だ。
2. 配送中に箱がツブレルと大変だ。
3. 虫に刺された足首がハレル。
4. 甘味をオサエて調理する。
5. 年齢をイツワッて応募した。
6. 長老を会長としてタテマツル。
7. サワヤカナ秋晴れの一日だった。
8. アナドリ難い相手と対戦する。
9. 楽しげな雰囲気をカモス曲だ。
10. 人をアザケルような笑い声だ。
11. 梅の花がニオウ季節になった。
12. 冬は家の中にコモルことが多い。
13. 健康をオビヤカス危険性がある。
14. 長い年月にツチカワれた文化だ。
15. 神へミツギ物をささげる。
16. 強いイキドオリを感じた。
17. 業績はあまりカンバシクない。
18. アルバイトに学生をヤトウ。
19. 甘い言葉でソソノカス。
20. 汗クサイ更衣室に顔をしかめた。
21. お正月に明治神宮にモウデル。
22. たばこは体に悪影響をオヨボス。
23. 売り上げ減で苦境にオチイル。
24. ウヤウヤシク褒賞を受ける。
25. 大学生の夏休みがウラヤマシイ。

26 人との出会いが人生を**イロドル**。
27 子犬が無心に**タワムレ**ている。
28 健康のために**ヤセル**決意をする。
29 大勢の前で**ハズカシメ**を受けた。
30 仲間に**ウトンジ**られて悲しい。
31 よい医者と**メグリ**会った。
32 道の**カタワラ**に碑が立っている。
33 大事な話を聞き**モラス**。
34 傷ついた鳥を**アワレム**。
35 常勝チームの連覇を**ハバム**。
36 桃太郎が鬼を**コラシメ**た。
37 ナスをぬかみそに**ツケル**。
38 妹がバイオリンを**カナデル**。
39 夏休みを前に心が**ウカレル**。
40 予想を**クツガエス**結果だ。

41 祭りでみこしを**カツグ**。
42 前例に**ナラウ**ばかりでは能がない。
43 体力の**オトロエ**を防ぐ。
44 勝利の旗が**ヒルガエル**。
45 洗濯物を手早く**タタム**。
46 心に**シミル**思い出だ。
47 **オボレル**者はわらをもつかむ。
48 波もなく**オダヤカナ**海だ。
49 長年の風雨でペンキが**ハガレル**。
50 人間関係が**ワズラワシイ**。

ONE Point

「送り仮名の付け方」(P.116下段)の**見方・使い方**④

各通則において、許容のある語は本則、許容のいずれに従ってもよいが、許容に従うべきか判断し難い場合には、本則によるものとします。

同音・同訓異字

おもしろゼミ 07 漢検

語意を理解して語彙力を磨け

「仮定」の話より努力の「過程」が大切！

同じ「カテイ」でも「家庭」「課程」「仮定」「過程」とさまざまな熟語があります。駄洒落のようですが、この「同音・同訓異字」への理解は、パソコンや携帯電話での文字入力が多くなった昨今、ますます求められる力です。つまり「語意」を理解して「語彙」力を磨くことが大切なのです。

同音異字

音が同じで意味の異なる漢字を「同音異字」といいます。
「コウ」と音読みする漢字で始まる熟語を挙げてみましょう。
勾配・梗塞・喉頭・耗弱・慌忙・絞刑・格子 などなど
「コウ」の「同音異字」はいくらでも出てきそうです。

同訓異字

訓読みがない漢字の場合、漢字の訓読みから意味を判断することができます。訓読みが同じで意味が異なる漢字を「同訓異字」（または「異字同訓」）といいます。次の①〜⑤の「たつ」には異なる漢字が入ります。

■ 同音異字の例

「コウ」で始まる熟語
口実・工業・公園・功績・巧妙
交際・光栄・向上・好感・広義
行楽・坑道・孝行・抗争・江湖・考慮
効果・幸福・肯定・攻撃・更生
恒常・皇帝・拘束・侯爵・厚生
候補・校正・耕作・紅白・荒野・郊外・香水
梗概・港湾・硬度・航空・高速
綱紀・酵母・興行・絞殺・項目・鉱物
　　　　・鋼鉄・講義・降下・購入
など

■ 同訓異字と熟語の例

【あやしい】
怪 怪力・奇怪
妖 妖艶・妖術

【いる】
射 射撃・照射
鋳 鋳造・改鋳
煎 煎茶・煎薬

【きる】
斬 斬撃・斬髪
切 切断・切除

【とらえる】
捉 把捉
捕 捕縛・逮捕

【はる】
張 張力・緊張
貼 貼付

【わく】
湧 湧出・湧水
沸 沸騰・煮沸

同音異義語

音が同じで意味が異なる熟語を「同音異義語」といいます。

① 立派な家が[たつ]。 ② 布をはさみで[たつ]。
③ 消息を[たつ]。 ④ 快刀乱麻を[たつ]。
⑤ 見通しが[たつ]。

① は「建築物などができる」という意味で「建つ」、② は「紙や布などをそこで終わらせる」という意味で「裁つ」、③ は「続いているものをそこで切り離す」という意味で「断つ」、④ は「切り離す」という意味で「絶つ」、⑤ は「目標などがさだまる」という意味で「立つ」が、それぞれ正解です。

正しく使い分けるためには、字義を理解し、①「建設・建造」、②「裁縫・裁断」、③「絶縁・絶版」、④「断線・切断」、⑤「確立・成立」など、その漢字を使った熟語を思い浮かべると良いでしょう。

① 実力より人気が[センコウ]のチームが勝つ。（先に攻撃すること） ⇒先攻
② 書類で[センコウ]する。（ほかの事柄よりも先に進むこと） ⇒先行
③ 英文学を[センコウ]する。（よく調べて選ぶこと） ⇒選考
④ 独断で[センコウ]はしない。（専門に研究すること） ⇒専攻
⑤ 敵地に[センコウ]する。（自分の考えだけで行うこと） ⇒専行
⑥ 正しく使い分けるには、文の意味を正しく読み取ることが肝心です。（人目を避けて行くこと） ⇒潜行

漢検では、上級になればなるほど熟語の概念も難解になってきます。少しでも疑問を感じたら、漢和辞典を活用して、正しい使い分けを確認しましょう。

同音異義語の例

こうそく
拘束　自由を制限すること
梗塞　ふさがって通じなくなること

ざしょう
挫傷　皮下組織や臓器を損傷すること
座礁　船が暗礁に乗り上げること

たいせき
堆積　うず高く積み重なること
滞積　貨物や仕事が滞ってたまること
体積　立体が占める空間の大きさ

だんがい
断崖　険しく切り立った崖
弾劾　不正を暴き責任を追及すること

ほそく
捕捉　つかまえること
補足　不十分な点を付け足し補うこと
補則　法令の規定を補うために付け加えた規則

ゆうしゅう
優秀　非常にすぐれていること
憂愁　うれえ悲しむこと
有終　物事の終わりをまっとうすること
幽囚　捕らえられて閉じ込められること

ウォーミングアップ

同音・同訓異字

1

次の──線のカタカナにあてはまる漢字をそれぞれア～オから選び、（　）に記号を記せ。

1. 全速力で**カ**け抜ける。
2. 渓谷につり橋が**カ**けられる。
3. 疑いを**カ**ける。
   〔ア 欠　イ 掛　ウ 書　エ 駆　オ 架〕

4. 多**ボウ**な一日だった。
5. 進路を**ボウ**害される。
6. 解**ボウ**して死因を調べる。
   〔ア 剖　イ 坊　ウ 妨　エ 忙　オ 乏〕

7. ビルが火災で**エン**上した。
8. ごみ処理場の**エン**突は高い。
9. 上手に**エン**筆を削る。
   〔ア 沿　イ 円　ウ 炎　エ 鉛　オ 煙〕

10. **カク**家族化が進行して久しい。
11. 双方を比**カク**してみる。
12. 威**カク**射撃で様子をみる。
    〔ア 核　イ 革　ウ 較　エ 嚇　オ 殻〕

13. **オウ**凸のある道だ。
14. 署名して**オウ**印する。
15. **オウ**打されて失神した。
    〔ア 押　イ 欧　ウ 殴　エ 奥　オ 凹〕

16. コンサートを主**サイ**する。
17. 同人雑誌を主**サイ**する。
18. 敵を粉**サイ**して快勝した。
    〔ア 裁　イ 宰　ウ 催　エ 際　オ 砕〕

19. **キュウ**歯で食べ物をすり潰す。
20. 鼻づまりで**キュウ**覚が鈍る。
21. **キュウ**余の一策を講ずる。
    〔ア 旧　イ 臼　ウ 嗅　エ 吸　オ 窮〕

2

次の——線の**カタカナ**にあてはまる**漢字**をそれぞれア〜オから選び、（　）に**記号**を記せ。

1. 論理の**ム**盾が目立つ。
2. 五里**ム**中で方針が立たない。
3. **ム**反の疑いで流刑された。
　[ア 謀　イ 無　ウ 夢　エ 矛　オ 霧]

4. 仏教に帰**エ**する。
5. ハ**エ**桜が美しい。
6. **エ**釈して通り過ぎる。
　[ア 会　イ 回　ウ 依　エ 重　オ 恵]

7. CDが**イタ**んでしまった。
8. 名優の事故死を**イタ**む。
9. 捻挫した足首が**イタ**い。
　[ア 傷　イ 痛　ウ 至　エ 悼　オ 板]

10. 気温が上**ショウ**する。
11. 節水を**ショウ**励する。
12. 舞台衣**ショウ**を準備する。
　[ア 奨　イ 昇　ウ 賞　エ 粧　オ 装]

13. 論文の主**シ**をまとめる。
14. 二人はよく似た**シ**妹だ。
15. 先輩の話に**シ**激された。
　[ア 刺　イ 指　ウ 旨　エ 姉　オ 祉]

16. 渇水で**カイ**滅的な打撃を受ける。
17. 仲**カイ**の労を取る。
18. 誘**カイ**事件が解決した。
　[ア 皆　イ 介　ウ 潰　エ 戒　オ 拐]

ONE Point

同音・同訓異字を解くには

同じ読み方をする熟語でも、漢字次第で意味は異なります。そのため、一字一字の字義を正しく理解していることが大切です。

同音・同訓異字

練習1

1 次の――線の**カタカナ**を**漢字**に直せ。

1. 自覚**ショウ**状はなかった。
2. 船が暗**ショウ**に乗り上げた。
3. はがきに切手を**チョウ**付する。
4. 失敗を**チョウ**笑されて悔しい。
5. **モウ**想にとりつかれて不安だ。
6. 電池が消**モウ**する。
7. 法律の**モウ**点を突く。
   意味「モウ点」＝うっかり見落としているような点。
8. 愛**セキ**の情を示す。
9. 親**セキ**からお歳暮が届いた。
10. 書**セキ**を購入する。
11. **カマ**倉時代は武士が統治した。
12. 彼とは同じ**カマ**の飯を食った仲だ。
13. 確定**シン**告をする。
14. 読**シン**術を習得したい。
    意味「読シン術」＝くちびるの動きで言葉を読みとる技術。
15. 医師の**シン**察を受ける。
16. 検査の結果、妊**シン**三か月だった。
17. この区間は**ジョ**行運転となる。
18. 障害物を**ジョ**去する。
19. **カ**政は虎よりも猛し。
20. 金額の多**カ**は問わない。
21. 実際の**カ**働台数は少ない。
    ヒント 少ないという意味の字。
22. 犯人が民家に**ロウ**城した。
23. 一般大衆を愚**ロウ**する発言だ。

- 24 半**トウ**明なガラスを使う。
- 25 物価の高**トウ**に頭を抱える。
- 26 風流な**トウ**花の宴を楽しむ。 意味：フジの花。
- 27 飛行機に**トウ**乗する。
- 28 徹夜して目が**ジュウ**血した。
- 29 一**ジュウ**一菜で済ましている。 意味：「一ジュウ一菜」＝質素な食事。
- 30 横**ヘイ**な態度に閉口する。
- 31 日光を遮**ヘイ**して実験する。
- 32 **ヘイ**害を取り除く。
- 33 総**スイ**として企業を率いる。
- 34 あくまで任務を**スイ**行する。
- 35 賞を獲得し**セン**望の的となる。
- 36 ぬるめの湯で**セン**茶をいれる。
- 37 一週間の**コン**立表を作る。
- 38 精**コン**込めて器を焼く。
- 39 ぜひ出席を**コン**願した。
- 40 戦時の弾**コン**が残っている。
- 41 通訳が**シ**意的な誤訳を行う。 意味：「真シ」＝真面目でひたむきなさま。
- 42 どんな仕事にも真**シ**に打ち込む。
- 43 首相が委員会に**シ**問した。 意味：有識者や機関に意見を求めること。
- 44 汚職事件に義**フン**を覚える。 意味：「義フン」＝世のためや人のために、いきどおること。
- 45 事実を**フン**飾して話す。
- 46 強盗が**ケン**銃で威嚇する。
- 47 **ケン**盤ハーモニカを演奏する。

ONE Point　同音異義語は関連する語とセットで覚えよう

「こうしょう」（交渉・口承・高尚・考証）は、「交渉がまとまる」「口承文学」「高尚な趣味」「時代考証」などのように覚えましょう。

同音・同訓異字

練習2

1 次の──線のカタカナを漢字に直せ。

実施日 ／

解答は別冊P.22

1. 青春時代を**カエリ**みた。
2. 自己を**カエリ**みて努力する。
3. 内乱がようやく**シズ**められた。
4. ダム建設で**シズ**んだ村がある。
5. 子どもが席の大半を**シ**めていた。
6. 気を引き**シ**めて勉強する。
7. 部屋の整理を**ス**ませた。
8. 川の上流は水が**ス**んでいた。
9. 親族会議に**ハカ**った結果だ。
10. 友人が便宜を**ハカ**ってくれた。

11. 洋服に帽子が**ハ**える。
12. **ハ**えある勝利を祝う。
13. 火口から煙が**フ**き出した。
14. 銅像を**フ**いてきれいにする。
15. 旅行の準備に時間を**サ**く。
16. 絹を**サ**くような悲鳴が聞こえた。
17. 波が**アラ**く出航を見合わせる。
18. 費用を**アラ**く見積もった。
19. 思わず本音を**ハ**いた。
20. 新しい靴を**ハ**いた。
21. 横車を**オ**す。
22. 私は彼を会長に**オ**す。
23. 曇天で洗濯物の**カワ**きが遅い。
24. 喉が**カワ**いたので水を飲む。

2 次の——線のカタカナを漢字に直せ。

1. 幼稚園児の遊ギを見る。
2. 油断して詐ギにあう。
3. ギ善的な行為は不愉快だ。
4. 大手のサンカに加わる。
5. 痛ましいサンカに落涙する。
6. 人生のサンカと呼ぶのにふさわしい。
7. 役所にセイガン書を提出する。
8. 謹んで神前でセイガンする。
9. ホウソウ界で活躍する検事だ。
10. プレゼント用にホウソウする。
11. キョクチ的な紛争が起きた。
12. 芸術のキョクチに達する。
13. 不法シンニュウで捕まる。
14. シンニュウ生の歓迎会を行う。
15. キリスト教をシンコウする。
16. 産業のシンコウに役立つ。
17. シンコウまで読書した。
18. シンコウ勢力が大手を脅かす。
19. 二人の仲はシュウチの事実だ。
20. シュウチ心でいっぱいになる。
21. 国王にエッケンする。
22. 議長のエッケン行為を弾劾する。
23. 事故の原因をキュウメイする。
24. 今回の汚職をキュウメイする。

ONE Point

同じ訓読みで意味の異なる字に注意！
「おさめる（納・修・治・収）」などは、短文を作るか、その字を使った別の熟語に置き換えて考えると意味が明確になる場合もあります。

同音・同訓異字

練習2

3 次の──線のカタカナを漢字に直せ。

1. 左右タイショウの美しい建物だ。
2. 二人はタイショウ的な性格だ。
3. 学生をタイショウとした本だ。
4. 華道のキョウジュをしている。
5. 自由をキョウジュする。
6. 商社のショウガイ部で働く。
7. 電波ショウガイが発生した。
8. ツツシんでお礼申し上げます。
9. 人前ではたばこをツツシむ。
10. 命をカけて仕事に取り組む。
11. メダルをカけるゲームに興ずる。

12. インコウの異常で声が枯れた。
13. 少女へのインコウは処罰対象だ。
14. 二列ジュウタイに並ぶ。
15. 高速道路はジュウタイが激しい。
16. 新しいテンポがオープンした。
17. 保険で賠償額をテンポする。
18. 胃腸をワズラって入院した。
19. 将来を思いワズラう。
20. 親の跡をツぐことにした。
21. ツぎ木をして育てる。
22. 激しいキハクに圧倒される。
23. 高山では酸素がキハクになる。
24. 再開発にキョウコウに反対する。
25. 金融キョウコウに見舞われる。

26 風雅なセンリツに心が洗われる。
27 悲惨な事件にセンリツが走る。
28 迷惑駐車があとをタたない。
29 自分で生地をタって作った。
30 広大な土地をリョウユウする。
31 天下にリョウユウは並び立たず。
32 挙動フシンな男がいる。
33 新しい住宅をフシンする。
34 生徒全員に注意をカンキする。
35 室内のカンキに留意する。
36 日本の歴史をガイカンする。
37 内憂ガイカンで苦労が続く。
38 契約のコウシン時期になる。
39 無線でコウシンを続ける。
40 コウシンに道を譲る。

41 釣り人は獲物をコジし合った。
42 謝礼をコジして受けない。
43 表札に名前をホる。
44 穴をホって苗木を植える。
45 部長にルイシンする。
46 少年野球のルイシンを務める。
47 ビタミンをセッシュする。
48 店の金をセッシュして捕まる。
49 寺宝の由来をタズねる。
50 友人と史跡をタズねる。
51 腐った野菜がニオう。
52 パンが焼ける良いニオいがする。

ONE Point

同じ音読み・似た字形でも意味は異なる！

「フク」 → 福祉・幅員・副業
「ジョウ」 → 土壌・令嬢・譲歩・醸造

書き取り

おもしろゼミ 08 漢検

書道のつもりでひと筆で？

一画一画に心を込めて書く！

漢検では「書き取り」問題の配点は比較的高く、受検者のみなさんが力を入れて学習される分野の一つです。しかしながら、せっかく覚えた漢字も、書き方を誤ったが故に点数を落とすというケースがあります。雑に書いてしまって点画が誤っていたり、また逆に美しく書こうとするあまり"書道のつもりでひと筆"で続けて書いてしまったり……。正確な字形に対する無頓着がミスにつながっているのです。

漢字を正確に書くためにも、"一画一画に心を込めて書く"ことは、書き取りの基本的な心構えともいえます。楷書で丁寧に正しい形の漢字を書く。そんな習慣を身につけたいものです。

正確な漢字を書く

常用漢字表はもちろん、漢検発行の問題集は、「教科書体」という書体で「標準字体」が示されています。これを漢字の正しい書き方の見本として、しっかりと身につけることが重要です。

点画を続けて書く、略して書くなどの癖があれば、改める必要があります。一点一画を正確に覚えるためには筆順を正確に押さえることが有効です。たとえ時間がかかっても、「標準字体」に合わせて一つ一つの点

■ 字体について

漢検では、書き取り問題は、「常用漢字表」に示された字体で解答してください。ただし「常用漢字表」に参考として示されている康熙字典体など、旧字体と呼ばれているものを用いてはいけません。ただし、次の漢字のみ、例外として許容字体が認められています。

淫	〔淫〕
牙	〔牙〕
葛	〔葛〕
僅	〔僅〕
嗅	〔嗅〕
惧	〔惧〕
稽	〔稽〕
餌	〔餌〕
煎	〔煎〕
詮	〔詮〕
箋	〔箋〕
遡	〔遡〕
剥	〔剥〕
謎	〔謎〕
箸	〔箸〕
蔽	〔蔽〕
餅	〔餅〕
頬	〔頬〕
喩	〔喩〕
遜	〔遜〕
嘲	〔嘲〕
捗	〔捗〕
溺	〔溺〕
填	〔填〕
賭	〔賭〕

■ 同音類字
① 部首が共通しているものの例

【い】
しんにょう　違 ― 違反（いはん）
しんにゅう　遺 ― 遺書（いしょ）

140

同音類字・異音類字（似形異字）

画をきちんと意識して書くよう、日頃から心掛けましょう。練習、また問題を解く中で、少しでも疑問や不安があれば、漢和辞典や資料に当たって「標準字体」による正しい漢字を確認することもあわせて習慣づけるとよいでしょう。

なお、2級では「標準字体」以外の字形で書いても許容される漢字があります。下段を参考にしてください。

漢字には、偏が違うけれど旁が同じなど、似た形の字があります。形がよく似ていて音も同じ漢字を「同音類字」、音は異なる漢字を「異音類字」あるいは「似形異字」と呼びます。

これらは、次のように二つに大別されます。

1 部首（意味を表す部分）が共通しているもの

- 同音類字＝閑・関／門　もんがまえ
- 　　　　　候・侯／イ　にんべん
- 異音類字＝紋・絞／糸　いとへん
- 　　　　　貧・貪／貝　かい・こがい

2 部首以外の部分（原則として音を表す部分）が共通しているもの

- 同音類字＝班・斑／懇・墾
- 異音類字＝寒・塞／冶・治

「書き取り」問題で点を落とさないためにも、字の成り立ちや構成を意識して、偏と旁を注意深く練習することが必要です。

■ 異音類字

① 部首が共通しているものの例

[かい]
- 諧（はいかい）―俳諧
- 楷（かいしょ）―楷書

[き]
- 幾（きか）―幾何
- 畿（きんき）―近畿

[さつ]
- 殺（もくさつ）―黙殺
- 刹（こさつ）―古刹

[みつ]
- 密（ひみつ）―秘密
- 蜜（はちみつ）―蜂蜜

[とう]
- 塔（てっとう）―鉄塔
- 搭（とうじょう）―搭乗

[りょ]
- 慮（はいりょ）―配慮
- 虜（ほりょ）―捕虜

② 部首以外の部分が共通しているものの例

[手] て
- 摯（しんし）―真摯
- 撃（こうげき）―攻撃

[辶] しんにょう・しんにゅう
- 逐（ちくいち）―逐一
- 遂（すいこう）―遂行

[心] こころ
- 怒（どごう）―怒号
- 怨（えんこん）―怨恨

② 部首以外の部分が共通しているものの例

- 椎（せきつい）―脊椎
- 推（すいい）―推移
- 稚（ちせつ）―稚拙
- 唯（ゆいいつ）―唯一
- 維（せんい）―繊維

書き取り

ウォーミングアップ

1 次の音と訓を持つ漢字を(ア)□から選び、( )に記せ。また、その漢字が使われている**熟語を(イ)**□から選び、二字の漢字に直して[ ]に記せ。

1. 音 キ／訓 う(える)　(　)　[　]
2. 音 ヘイ／訓 あわ(せる)　(　)　[　]
3. 音 ガ／訓 かわら　(　)　[　]
4. 音 ガ・ゲ／訓 きば　(　)　[　]
5. 音 ソウ／訓 さが(す)　(　)　[　]
6. 音 ユウ／訓 わ(く)　(　)　[　]
7. 音 シャ／訓 さえぎ(る)　(　)　[　]
8. 音 コウ・ク／訓 みつ(ぐ)　(　)　[　]
9. 音 コ／訓 また　(　)　[　]

(ア) 遮・貢・股・瓦・捜・併・牙・飢・湧

(イ) ガカイ・ガッペイ・キガ・コウケン・コカン・シャダン・ソウサ・ドクガ・ユウシュツ

2 次の──線のカタカナを漢字に直せ。

1. 後輩を**サト**す。
2. 温かな心遣いに感**キュウ**する。
3. 長く伸びた**カミ**を切る。
4. **ミダ**らな服装だと注意を受ける。
5. 生活様式の変**セン**をとなえる。
6. 議会に工場の誘**チ**を提案する。
7. **フモト**から山頂まで約二時間だ。
8. 大胆**カ**つ端正な筆さばきだ。
9. 綿を**ツム**いで糸にする。
10. 銀行から**ユウ**資を受ける。
11. 失礼な態度に**マユ**をひそめる。
12. 友人と魚の**チョウ**果を競う。
13. うれしさに心が**ハズ**む。
14. 土地の**ツボ**数を測る。
15. 多くの係**ルイ**を養っている。
16. 青い**ヒトミ**の西洋人形を贈った。
17. 仕事の**チュウ**介を頼まれる。
18. 社会見学で**カマ**場に行く。
19. 生活を**オビヤ**かされる。
20. いい**ツラ**構えをした新人だ。
21. **チツ**序立てて考える。
22. 学**バツ**のない会社で働く。

ONE Point

漢字の書き取りに強くなるには その①

書き取りは、漢字を書くばかりでなく、語彙力をつけることも大切です。日頃から多くの文章に接するように心掛けましょう。

書き取り

練習1

次の——線のカタカナを漢字に直せ。

1. 読書は心の**カテ**となる。 意味 ここでは、力づけるもの、活動の源の意。
2. 要求は**キョヒ**された。
3. 部活動で**ショウガイ**の友を得た。
4. 難題の解決に**クリョ**する。
5. 敵を**アザム**くにはまず味方からだ。
6. **アサ**の中のよもぎでまっすぐ育つ。 意味 「アサの中のよもぎ」＝善人と交わることで自然にその人も善人になることのたとえ。
7. 両者の**ミゾ**は埋まらなかった。
8. 屋上からの**チョウボウ**は見事だ。 ヒント 「チョウ」は右の部分が音符で、同音類字のある字。
9. **ヨコヅナ**の土俵入りを見る。
10. 蚕の**マユ**から糸をとる。 ヒント 虫が糸をはいて作ったことがわかる字のつくりである。

11. 朝の**アイサツ**から一日が始まる。
12. 武道で克己心を**ツチカ**う。 意味 養い育てること。
13. **ジョウチョ**豊かな子に育つ。
14. 白菜がおいしく**ツ**かった。
15. 宴会で江戸**ナガウタ**を披露する。 意味 三味線音楽。
16. 無名だが**アナド**れないチームだ。
17. 凶悪事件に**リツゼン**とする。 意味 恐ろしさにぞっとすること。
18. 彼は**センサイ**な心の持ち主だ。
19. 休日に熱帯魚の**スイソウ**を洗う。
20. **ホタル**ガりが企画された。
21. お守りの御リヤクを期待する。
22. 気乗りしないため返事を**シブ**る。
23. 理論より**ジッセン**が大切だ。 ヒント 文意より、「たたかう」ことではないので注意。
24. 商隊が**スナアラシ**を避けて旅する。

- 25 怒りの**ホコサキ**を向けられた。
- 26 格下の相手と**ホコ**らしげな顔だ。
- 27 圧倒的な勝利に**シガ**にもかけない。 意味 「シガにもかけない」＝問題にしない。
- 28 一人二千円の会費で**マカナ**う。 意味 やりくりすること。
- 29 挫折せず初志を**カンテツ**した。
- 30 **イロツヤ**がよいトマトを選ぶ。
- 31 **ロウニャク**男女を問わず人気だ。
- 32 叔母は出家し**ニソウ**となった。 意味 仏門に入った女性。
- 33 重箱の**スミ**をつつくような意見だ。
- 34 **ザンシン**な企画だと褒められる。
- 35 市内を**ジュンカン**するバスに乗る。
- 36 新しい仕事に**チョウセン**する。
- 37 **マボロシ**のように美しい景色だ。
- 38 兄は**テツガク**を専攻している。

- 39 **トクメイ**で投書する。 ヒント 「トク」を使った熟語には、「秘トク」「隠トク」がある。
- 40 捨て**ネコ**を拾ってきた。
- 41 **フロ**に入って一日の疲れをとる。
- 42 亡き祖父の**メイフク**を祈る。
- 43 **キャクイン**がみられる詩だ。
- 44 **ギフ**県から名古屋の学校に通う。
- 45 **ツマサキ**までまっすぐ足を伸ばす。
- 46 妹はまだまだ世事に**ウト**い。 意味 よく知らないこと。

ONE Point

漢字の書き取りに強くなるには その②

言葉の意味がわからない時は、その都度、辞書で調べましょう。漢字辞典で字義を調べても、漢字力の向上につながります。

書き取り

練習1

2 次の――線のカタカナを漢字に直せ。

1. 彼は功績が**ケンチョ**である。
   意味 はっきりと目立つさま。
2. 霊峰に**イフ**の念を抱く。
3. 家名を**ケガ**すわけにはいかない。
4. 事務用の机と**イス**を新調する。
5. 徹夜が続くと体に**サワ**る。 ヒント「ししょう」があるということ。
6. せめて**イッシ**を報いたい。
   意味「イッシを報いる」＝やられてばかりではなく反撃や反論すること。
7. とりあえず**ゲネツ**剤を飲ませた。
8. **ドウサツ**力の鋭い人だ。
9. 署名した後に**オウイン**した。
10. 軒下に**カキ**の実をつるして干す。
11. 苦言を呈され**ジュウメン**を作る。
    意味 不愉快そうな顔つき。
12. 大学で**カンコクゴ**を学んでいる。
13. 犬と子どもが**タワム**れる。
14. 初戦で**ザンパイ**を喫した。
15. 因習の**ジュバク**から解放される。
16. 避難訓練の**ケイガイカ**を防ぐ。
    意味 当初の意義や内容が失われ、形だけ残ること。
17. うわさの真相は**サダ**かではない。
18. 芸能の**オウギ**を極める。
19. 有能な家臣に**ホウビ**を与える。
20. 不当な**コウテツ**人事に憤る。
21. 幼児が母の**ヒザマクラ**で眠る。
22. **フホウ**を受け葬儀に参列した。
23. テレビの音が集中を**サマタ**げる。
24. **フウリン**の音が涼しげだ。

25 追い風が吹くまで**シンボウ**する。
26 車が**デイド**にはまって動かない。
27 制裁を加えて悪を**コ**らしめる。
28 僅かな心の**カンゲキ**を突く。〈意味：すきま。あいだ。〉
29 **ヤクビョウガミ**は敬遠したい。
30 **ミニク**い争いはやめてほしい。
31 **カ**の鳴くような声で答えた。
32 小石が**ガケシタ**に転がり落ちた。
33 船出を**サンバシ**で見送る。
34 寺院を**コンリュウ**する。
35 退会の**ムネ**を会長に伝える。
36 **ワザワ**いが降りかかった。
37 予算の**ワクナイ**で処理する。
38 **イシウス**でひいたそば粉を打つ。

39 **チョウモン**者の列が続く。
40 金魚の**エサ**やりは妹の日課だ。
41 ごちそうを前に**ツバ**を飲み込む。
42 昼食にはよく**メンルイ**を食べる。
43 伯父の**ヤッカイ**になる。
44 百日の**モ**に服する。〈意味：死んだ人の近親者がある期間祝い事や交際を慎むこと。〉
45 堪忍袋の**オ**が切れた。
46 日々の努力が全ての**モトイ**を作る。〈意味：土台となるもの。〉

ONE Point

漢字の書き取りでの注意点 その①

「とめ・はね・はらい」の一点・一画を楽書で正確に書くようにしましょう。

書き取り

3 練習1

次の——線のカタカナを漢字に直せ。

解答は別冊P.23

1 休日に**ケイリュウ**釣りに行く。
2 **コケツ**は危険な場所のたとえだ。 意味 トラのすむあな。
3 新しい**クツ**で出掛ける。
4 餌の匂いを**カ**ぎつけて猫が来た。
5 城の周囲に**ホリ**を巡らす。
6 集合時間にはバスに**モド**ろう。
7 突然**ワキバラ**に痛みを感じた。
8 ここは一里**ヅカ**の跡だ。
9 企画の**シンチョク**状況を報告する。
10 **セイキョ**した恩師の冥福を祈る。

11 豪壮な**テイタク**に住んでいる。
12 次々に**トバ**が摘発されていった。
13 昼食にエビの**テンドン**を食べる。
14 食事を終えて静かに**ハシ**を置く。
15 **イゴ**の話題で盛り上がる。
16 **ミサキ**には灯台がある。
17 弱者**ベッシ**の発言が問題になる。
18 **ヤナギ**が風になびいている。
19 ずぶ濡れて**ミジ**めな気持ちだ。
20 **ヤミヨ**のカラスのように黒一色だ。
21 過ちを**チンシャ**する。 意味 訳を話してあやまること。
22 歯並びを**キョウセイ**する。
23 **タイダ**が成績不振を招いた。
24 古都の**メイサツ**を観光する。 意味 名高い寺。

25 危険を**サト**って引き下がった。
26 放置自転車を**テッキョ**する。
27 言葉を**メイリョウ**に発音する。
28 骨折した腕の筋肉が**イシュク**する。
29 **カゲン**の月が空に浮かんでいる。
30 お守りを**ハダミ**離さず持っている。
31 山の**ハ**に月が懸かる。
　意味 「山の端」＝山と空が接しているように見える境目のあたり。
32 サッカー観戦に**サソ**われる。
33 集中豪雨で河川が**ハンラン**した。
34 **ホニュウビン**を殺菌して使う。
35 うまい**ヒユ**を用いて説明する。
36 ボランティアの参加者を**ツノ**る。
　ヒント 「ボシュウ」すること。
37 二つの作品は**コクジ**している。
38 海岸で**カイガラ**を拾う。

39 失敗を言い**ツクロ**う。
40 **ケイジ**のマナーを学ぶ。
　意味 めでたいこと。祝いごと。
41 彼の裏の顔を知り**ゲンメツ**する。
42 必要な講義を**リシュウ**する。
43 **フクオカ**県まで飛行機で移動する。
44 バスタブに**フタ**をして保温する。
45 弟は**クセ**のある字を書く。
46 お土産に木彫りの**カメ**を買う。

ONE Point

漢字の書き取りでの注意点 その②

字はくずして書かないようにしましょう。

（例）「糸—糸○×」「ハーい○×」「口—〇○×」

書き取り

練習 1

4 次の――線のカタカナを漢字に直せ。

1. サメは**アゴ**の力が非常に強い。
2. 災害に備えて防災**ズキン**を作る。
3. 年老いた両親を**フヨウ**する。
4. 故国への**キョウシュウ**に駆られる。意味 ふるさとを懐かしむ気持ち。
5. 毎年農家で**ナシ**の収穫を手伝う。
6. **ソデ**をまくって皿洗いをする。
7. **チュウシン**より感謝致します。意味 こころの底。
8. 役人が公然と**ワイロ**を受け取る。
9. 病気見舞いに**センバヅル**を折る。
10. 眼科で**ドウコウ**の大きさを測る。
11. 余暇を**ギセイ**にして練習に励んだ。
12. 彼は借金を抱えて**シッソウ**した。意味 行方をくらますこと。
13. 彼は**アイマイ**な表情を浮かべた。
14. 常に整理**セイトン**を心掛ける。
15. ひたすら自己を**トウヤ**する。意味 性質や才能を育て上げること。
16. **セイチ**を極めた美しい日本画だ。
17. 冷たい**ユウスイ**をすくって飲む。
18. 自動車部品の**ハンヨウ**性を高める。
19. **ゾウゲ**目当ての密猟が横行する。
20. 戦死した主君に**ジュンシ**する。意味 主人の後を追い臣下が自害すること。
21. 母は毎朝ほうきで自宅前を**ハ**く。
22. 金魚鉢に**モ**を入れる。
23. 環境問題は**ショウビ**の課題だ。ヒント 危険が迫る意。火がまゆ毛に迫っている様子。
24. 圧政に苦しむ民が**ホウキ**する。ヒント 大勢が反乱をおこす意。ハチが巣から一斉に飛び立つ様子。

- 25 港に小型**センパク**が停泊する。
- 26 東京**キンコウ**に居を構えたい。
- 27 世界の**ナゾ**を追う番組が人気だ。
- 28 暗殺者の**キョウジン**に倒れる。 意味 殺害に用いるはもの
- 29 高速道路には**シャオン**壁がある。
- 30 先輩の姿から**ドンヨク**に学ぶ。
- 31 **トチギ**県はイチゴの名産地だ。
- 32 本社が子会社の赤字を**ホテン**する。
- 33 作家の講演に**ケイハツ**された。 意味 気付かぬことを教え示すこと。
- 34 **サンロク**のロッジで夏を過ごす。
- 35 都市は荒れ地へと**ヘンボウ**した。
- 36 兵士は**セイゼツ**な最期を遂げた。 意味 非常にすさまじいこと。
- 37 リンゴを切って**シン**を取り除く。
- 38 海外勤務に英語力は**ヒッス**だ。

- 39 曽祖父は活力**オウセイ**だ。
- 40 禍福はあざなえる**ナワ**のごとし。 意味 災いと幸福は交互にやってくるということ。
- 41 道理を悟り**テイネン**の境地に至る。
- 42 **ショウチュウ**をソーダで割る。
- 43 書道教室で**カイショ**から学ぶ。
- 44 女優の**ヨウエン**な表情が秀逸だ。
- 45 **ケイハン**地区に住んでいる。
- 46 他人の過ちに**カンヨウ**に接する。

ONE Point

漢字の書き取りでの注意点 その③

「欠・欠・不・句」の1画目と2画目を続けて書かないようにしましょう。

練習 2

書き取り

1 次の──線のカタカナを漢字に直せ。

1. 家で**スイジ**を手伝う。
2. 実験の結果を**ケネン**する。
3. **モンピ**は閉ざされたままだ。
4. 事故の原因を**ブンセキ**する。
5. 現職の市長が**キンサ**で当選した。
6. 対外貿易の**キンコウ**が保たれる。
7. 敵の様子を**テイサツ**に行く。
8. **ナベ**に野菜を入れて煮込む。
9. 日本酒の**メイガラ**にこだわる。
10. 観葉植物の葉に**ハンテン**が出る。
11. **シンダン**の結果、異常はなかった。
12. 木陰でしばしの間**スズ**む。
13. 創業者の**ショウゾウ**画を飾る。
14. おにぎりを**ホオバ**る。
15. 地域独自の文化が**スタ**れる。
16. **ヒヨク**な三日月地帯について学ぶ。
17. **ミツバチ**が花の間を飛び回る。
18. 練習を積んで**セツジョク**戦に挑む。
19. 結論は**ダトウ**なものだった。
20. 優秀な人材が**フッテイ**している。
21. 会員数は**ゼンジ**増加している。
22. 使用法を**コンセツ**丁寧に教える。
23. これは将来を見**ス**えた企画だ。
24. 「**オレ**」ではなく「私」と言いなさい。
25. **ダエキ**は食べ物の消化を助ける。
26. **ニジイロ**に輝くシールを貼る。

27 電車の座席の**ヒジカ**けを使う。
28 寝ぼけ**マナコ**で食卓についた。
29 敵国と一時的に**ワボク**を結ぶ。
30 柔道部の**モサ**たちが集う。
31 海外で邦人の**ラチ**事件が起きる。
32 春の**イブキ**が感じられる。
33 大豆を**アッサク**機にかける。
34 謀略で苦境に**オトシイ**れられた。
35 毎週お茶の**ケイコ**に通っている。
36 対策に**ザンジ**の猶予を求めた。
37 領主が農民を**シイタ**げていた。
38 不正をはたらき**ヒメン**された。
39 弊社の事情をご**ケンサツ**下さい。
40 **ゲカ**手術を受けることになった。
41 **オクビョウ**者だと笑われた。

42 条約の**ヒジュン**にこぎつけた。
43 動植物の絶滅**キグ**種を保護する。
44 捕虜が敵兵に**イノチゴ**いをする。
45 痛恨のエラーを**バトウ**された。
46 土砂の**タイセキ**で扇状地ができる。
47 人件費の**ネンシュツ**に苦心する。
48 博物館で動物の**ハクセイ**を見た。
49 企業が**シュサイ**のコンクールだ。
50 家の**ムネア**げを祝う。

ONE Point

漢字の書き取りでの注意点 その④

「支」の2・3画目、「隹」の3・5画目、「修」の5・6画目などを続けて書かないようにしましょう。

練習 2

次の──線のカタカナを漢字に直せ。

1. 人生についてシサクを深める。
2. オロかな行いを恥じる。
3. ユカイな仲間と宴会をする。
4. 親友とキョウキンを開いて語る。
5. 先輩からユズり受けたボールだ。
6. ジンソクな対応が好感を呼ぶ。
7. 会議は野次のオウシュウになった。
8. 不都合な証拠をインペイする。
9. ジュンタクな資産に物をいわせる。
10. 二人は日本文学界のソウヘキだ。
11. 病はすっかりチユした。
12. 本堂修繕のためジョウザイを募る。
13. 各地で新勢力がボッコウした。
14. 汚れた作業着をセンタクする。
15. 湯をワかしてコーヒーをいれた。
16. ヤヨイ時代の土器が発見される。
17. 彼はいつもシュンビンに動く。
18. カチクの世話をする。
19. 料理の腕をヒロウする。
20. 政財界でラツワンを振るう。
21. 目をコらして一点を見つめる。
22. 月賦で負債をショウカンした。
23. 休日にトダナの整理をする。
24. ケイタイ電話で連絡する。
25. ユウチョウに構えてはいけない。
26. 悪いイメージをフッショクする。

27 **カギアナ**にほこりが詰まった。
28 **コウバイ**の急な坂を駆け下りる。
29 工場は**テッサク**で囲まれている。
30 手術で**シュヨウ**を摘出した。
31 長い間友人から**オトサタ**がない。
32 評判の**ソウシン**術を受ける。
33 口下手な自分が**ウラ**めしい。
34 娘には心に**ヒ**めた人がいる。
35 年末に**モチ**つきをした。
36 ありがたいお言葉を**タマワ**った。
37 かみ**クダ**いて説明した。
38 映画ザンマイの夏休みを過ごす。
39 訓練で技を**ミガ**く。
40 よく**ウ**れた果物を賞味する。
41 濃い**アイイロ**の浴衣を着る。

42 **ヒョウロウ**攻めに音を上げる。
43 風邪をひき**オカン**がする。
44 語学に**ヒイ**でた才能をみせる。
45 取引先に**セイボ**を贈る。
46 全国を巡って民謡を**サイフ**する。
47 互いに意思の**ソツウ**を図る。
48 **ドウクツ**で古い絵が発見された。
49 **メジリ**のしわが目立ってきた。
50 大漁旗が海風に**ヒルガエ**る。

ONE Point

漢字の書き取りでの注意点 その⑤

「木」の2画目、「糸」の4画目は一般的に「とめ」ですが、検定でははねても採点時に許容とされます。

書き取り

練習 2

3 次の──線のカタカナを漢字に直せ。

1. **シッコク**の髪が美しい女優だ。
2. この世で**ナラク**の苦痛を味わう。
3. 伝言を**ウケタマワ**る。
4. 引っ越しの**スケダチ**を頼む。
5. 二人は**ケンエン**の仲だ。
6. 一茶は江戸の**ハイカイシ**の一人だ。
7. のどかな**ウラザト**を旅する。（注）
8. 能力を**イカン**なく発揮する。
9. わらで**ゾウリ**を編んだ。
10. 自宅**キンシン**を命じられる。
11. 自信を**ソウシツ**する。
12. 厳しい修行を経て**ソウリョ**になる。
13. 彼の**ゴウマン**な態度が鼻につく。
14. 野生動物の生存競争は**カレツ**だ。
15. 原人の**ズガイコツ**が発掘された。
16. 出版社を名誉**キソン**で訴える。
17. **カブキ**は日本の伝統的な演劇だ。
18. **コロア**いを見て食事を出す。
19. 選挙戦で**ユウゼイ**して回る。
20. 母は**ヨウツウ**で苦しんでいる。
21. 世界で野球の**スソノ**を広げる。
22. 寺から**ドキョウ**が聞こえる。
23. **オンワ**な人柄が皆から好かれる。
24. 暇潰しの**ダンナゲイ**だと笑われた。
25. 読書家で**ゴイ**の豊富な人だ。
26. その案には**シュコウ**しかねる。

27 ダンガイの上から海を一望する。
28 突然行く手をハバまれた。
29 役所にシセイの声として届ける。
30 大声を出してイカクする。
31 将軍自ら東照宮にサンケイする。
32 長い眠りからカクセイする。
33 大手の都市銀行がハタンする。
34 芝居をサジキで見る。
35 マンション建設がセコウされる。（注）
36 全国大会をセイハした。
37 バイショウ金を支払う。
38 深いキョウコクに足がすくむ。
39 台風による被害はジンダイだ。
40 ヨジョウ米を放出する。
41 貸借関係をソウサイする。

42 イバラキ県名物の納豆を食べる。
43 糸がカラまってほどけなくなる。
44 荷物をカツいで山に登った。
45 家庭裁判所でシンリする。
46 走者がイッセイにスタートをした。
47 心のスキにつけこむ商法だ。
48 まんまとハカられてしまった。
49 ザセツを繰り返して大人になる。
50 悪の道にソソノカされる。（難）

ONE Point 漢字の書き取りでの注意点 その⑥

漢字検定での解答は、必ずHB・B・2Bの鉛筆、またはシャープペンシルを使用してください。ボールペンや万年筆は厳禁です。

書き取り

練習2

次の――線のカタカナを漢字に直せ。

解答は別冊P.26

1 心身をキタえる。
2 逆境に心がスり切れそうだ。
3 人気店にチョウダの列ができる。
4 人も魚も同じセキツイ動物だ。
5 大水で多くの動物がデキシした。
6 少ない持ちゴマを駆使して戦う。
7 不正にイキドオりを覚える。
8 退職後はアンカンとした日々だ。
9 上司のフトコロの深さに学ぶ。
10 ヘンケンを持たず判断したい。
11 滞納したらトクソク状が来た。
12 口の中にできたカイヨウが痛む。
13 前例にナラって簡素に行う。
14 この服はダレの忘れ物ですか。
15 会社のテイカンを再読する。
16 リンゴのカンバしい香りがする。
17 景気上昇のキザしが見えた。
18 風邪で耳鼻インコウ科に行く。
19 カンドウされて親と絶縁状態だ。
20 チケット購入にベンギを図る。
21 資金調達にホンソウした。
22 彼女の演奏はクロウトはだしだ。
23 敵船をホソクし追尾を開始する。
24 ギオン効果で劇が盛り上がる。
25 恒久平和をカツボウする。
26 大胆なサイハイが功を奏した。

27 功績によりジョクンを受ける。
28 ゼンリツセン炎の痛みに苦しむ。
29 フンイキのいい酒場だ。
30 書き損じたビンセンを丸める。
31 イまわしい出来事を思い出す。
32 大仏カイゲンの供養に列席する。
33 叫び声はコクウに消えていった。
34 インヨクの葛藤を描いた小説だ。
35 ユイショのある神社に詣でる。
36 ソウケンに責任が重くのしかかる。
37 過去はボウキャクしたい。
38 オショウさんの法話を聴く。
39 ユカタ姿で縁日に行く。
40 経済事情にツウギョウしている。
41 彼は争いのカチュウの人物だ。

42 彼女は三か国語を操るサイエンだ。
43 米国でタツマキが発生する。
44 ケンソンして実績の明言は避けた。
45 政府の要人がソゲキされる。
46 欧州での暮らしをショウケイする。
47 師匠から強いシツセキを受ける。
48 ノドモト過ぎれば熱さを忘れる。
49 びょうぶにトラの絵を描く。
50 友人の子に絵本とガングを贈る。

ONE Point

書き取りは「旧字体」で書かないで
日本漢字能力検定の2〜10級では、漢字は「常用漢字表」で示された字体で書いてください。旧字体での解答は正答と認められません。

練習2

次の──線のカタカナを漢字に直せ。

1. 心の**カットウ**を乗り越え成長する。
2. **ゲンソク**から水面をのぞき込む。
3. **ノウコウソク**の手術を受けた。
4. 公園内に**シカ**が放されている。
5. 並み居る強敵を**イッシュウ**する。
6. 各自の前に豪華なお**ゼン**が並ぶ。
7. **ハシゲタ**の架設工事を行う。
8. 捕らわれて**ユウシュウ**の身となる。
9. 彼女の視線に**オンネン**を感じる。
10. 二人の関係に**キレツ**が入る。
11. 初優勝で故郷へ**ニシキ**を飾った。
12. **オウフウ**の建築に興味がある。
13. **クマ**が川でサケを捕る姿を見た。
14. 彼はロダンを**スウハイ**している。
15. **ホラアナ**の中にコウモリがいた。
16. **クオン**の昔に思いをはせる。
17. 今までの活動を**ソウカツ**する。
18. 長い戦に兵士は**ヒヘイ**している。
19. 養殖が盛んな入り**エ**だ。
20. **ソウソフ**の百歳の誕生日を祝う。
21. 体は大きいが**ショセン**は子どもだ。
22. 舞台で**シット**深い女を演じる。
23. **サイタマ**県から東京へ通勤する。
24. 三年の**キンコケイ**が確定した。
25. 全員で握り**コブシ**を突き上げた。
26. 試験前はいつも**ユウウツ**だ。

27 株価が**ホウラク**を来した。
28 互いに**エシャク**をしてすれちがう。
29 嫌疑が晴れて無罪**ホウメン**となる。
30 来るものは**コバ**まず。
31 抗議によって判定が**クツガエ**った。
32 恩師の**クントウ**を受ける。
33 友人と酒を**ク**み交わす。
34 **ジュウナン**な発想で企画する。
35 京都を中心に**キナイ**の史跡を巡る。
36 妹は**ウチマタ**で歩く癖がある。
37 女王の**タイカンシキ**に列席する。
38 **ジンゾウ**に結石が見つかった。
39 祖母はジョウ**ルリ**本を集めている。
40 人気の**クシヤ**き店で舌鼓を打つ。
41 **ガクカンセツ**痛で歌手が休養する。

42 晩秋の寂しさを俳句に**ヨ**む。
43 **アヤマ**ちは繰り返さない。
44 仏道に**キエ**している。
45 母が子を**イツク**しむ姿を描く。
46 **ジュズ**を持って墓参りする。
47 職場の**キュウジョウ**を訴える。
48 会長が企業の**イシズエ**を築いた。
49 主人公は**フウキ**な家に生まれた。
50 **ヨセ**に落語を観覧しに行く。

ONE Point

例外的に許容される字体

2級の新出配当漢字には、字体に許容が認められるものがいくつかあります。詳しくは、別冊解答のP.1をご参照ください。

例 剝→剥　餅→餅　など

書き取り

誤字訂正 ウォーミングアップ

1 次のア・イの文のうち、漢字が正しく使われているものを選び、（　）に記号を記せ。

1. ア　完熟した果物を食べる。
   イ　完塾した果物を食べる。
   （　　）

2. ア　昔の景観を復元する。
   イ　昔の景歓を復元する。
   （　　）

3. ア　遺伝子の研究をする。
   イ　違伝子の研究をする。
   （　　）

4. ア　犯人を捕促する。
   イ　犯人を捕捉する。
   （　　）

5. ア　彼は硬骨漢といわれる。
   イ　彼は更骨漢といわれる。
   （　　）

6. ア　勝利を渇望する。
   イ　勝利を喝望する。
   （　　）

7. ア　交観会に出席する。
   イ　交歓会に出席する。
   （　　）

8. ア　寺院の界律を守る。
   イ　寺院の戒律を守る。
   （　　）

9. ア　意見が合わず孤立した。
   イ　意見が合わず弧立した。
   （　　）

10. ア　財政は疲弊している。
    イ　財政は疲幣している。
    （　　）

11. ア　損害を補償する。
    イ　損害を保償する。
    （　　）

2 次の各文にまちがって使われている同じ読みの漢字が一字ある。（　・　）の上に誤字を、下に正しい漢字を記せ。

誤　正

1. 商店街の複興に努める。（　・　）
2. 自然の恩恵を共受する。（　・　）
3. 空気の汚選を憂える。（　・　）
4. 欧州旅行に出掛ける。（　・　）
5. 寺の鐘廊に登る。（　・　）
6. 事件以来、擬心暗鬼になる。（　・　）
7. 画家の心の基跡をたどる。（　・　）
8. 事件解決の端諸がつかめた。（　・　）
9. 舞台の衣粧をそろえる。（　・　）
10. 姉の仕事は服職関係だ。（　・　）
11. ようやく経剤が安定する。（　・　）
12. 大企業の参下に入る。（　・　）
13. 友人当てに荷物を送る。（　・　）
14. パーティーで缶杯する。（　・　）
15. 道路が渋帯している。（　・　）
16. 時代は変線する。（　・　）
17. 堕性で日々を過ごす。（　・　）
18. 新聞を読んで語意力を養う。（　・　）
19. 図書館の蔵書を検策する。（　・　）
20. 幼児が頭骸骨の標本を恐れる。（　・　）

ONE Point

書き間違えやすい漢字　その①

いかん　→　×遺感―遺憾○
かいしん　→　×快心―会心○
おかん　→　×悪感―悪寒○
りしゅう　→　×履習―履修○

書き取り 誤字訂正 練習 1

1 次の各文にまちがって使われている同じ読みの漢字が一字ある。（　・　）の上に**誤字**を、下に**正しい漢字**を記せ。

誤　正

1. 娘の婚因を親戚に報告する。
2. 法亭で証言する。
3. 詰茶店で待ち合わせをする。　〔ヒント　同音類字のある漢字に注目〕
4. 徴罰を受ける。　〔ヒント　同音異義語のある語に注目〕
5. 台風は近畿地方を直撃した。
6. 平日の図書館は間散としていた。
7. 成績不信で頭が痛い。
8. 大型書店で書籍を講入する。
9. 賞学金の貸与を申請した。
10. 心に予裕を持つように心掛ける。
11. 合同体育祭を開債する。
12. 疑造硬貨が出回っている。
13. 無断で徐名するとは失礼だ。　〔ヒント　同音類字のある漢字に注目〕
14. 彼とは墾意な間柄だ。
15. 大仏殿を建隆する。
16. 彼は芸能界で偉彩を放っている。
17. 鯨が優然と泳いでいる。
18. 戦場は礁土と化した。
19. 滋悲深い顔の仏像を拝む。
20. 静弱な森の中を散策する。
21. 隣国との粉争が続く。
22. 座右の名を書き初めした。
23. 緊張した重持ちで試合に臨む。

- □24 熱湯で瓶を殺菌する。
- □25 経歴差称で訴えられる。
- □26 海外付任の辞令を受ける。
- □27 言葉遣いには神径を使う。 ヒント 同音類字のある漢字に注目
- □28 高等裁判所の判決を待つ。
- □29 試験前夜に撤夜で勉強する。
- □30 月末に清求書を郵送する。
- □31 隙を狙って攻激を仕掛ける。
- □32 日本酒やビールは穣造酒である。
- □33 祖父の日課は乾布摩察だ。
- □34 遠慮して発言を控えた。
- □35 会社に理歴書を提出する。
- □36 容姿淡麗な婦人に出会う。
- □37 威義を正して目上の人と話す。

- □38 除夜の鐘で百八の煩脳を払う。
- □39 師の勲陶を受ける。 ヒント 文意に合わない熟語に注目
- □40 好例の行事に参加する。
- □41 細胞を検微鏡で観察する。
- □42 酒の席で上司の気嫌を取る。
- □43 新しい玄楽器と楽譜を買う。
- □44 条約は議会で無事批準された。
- □45 福祉活動で社会功献がしたい。
- □46 低金利で誘資を受ける。

ONE Point

書き間違えやすい漢字　その②

さんぴ　→　賛非✕　賛否○
ぐうぜん　→　遇然✕　偶然○
なんこう　→　難行✕　難航○
ほうもん　→　訪問✕　訪問○

書き取り
誤字訂正 練習 1

② 次の各文にまちがって使われている同じ読みの漢字が一字ある。（　・　）の上に誤字を、下に正しい漢字を記せ。

誤　正

1. ひたすら陰忍自重の日々を送る。
2. 勇志を募って企画運営から始めた。〔ヒント 文意に合わない熟語に注目。〕
3. 民間療法で神経痛が換和した。
4. 石油関連商品を一率値上げする。
5. 壮厳な儀式が執り行われた。
6. 三紙の新聞を並読している。
7. ついに積年の意恨を晴らした。
8. 彼の変屈さには閉口する。
9. 諸外国と友交関係を結ぶ。
10. 彼は野生的な魅力を放っている。〔ヒント 同音異義語のある語に注目。〕
11. 全力を尽くし精魂を使い果たす。
12. 我が校は質実剛堅の気風がある。〔ヒント 同音類字のある漢字に注目。〕
13. 最近の物価の謄貴に音を上げる。
14. 突然の出現に暁天した。
15. 駐在大使を本国に召環する。
16. 古寺の神厳な境内を歩く。
17. 料邸で宴会を催した。
18. 無官の帝王と呼ばれた選手だ。
19. 人生の愛歓を二人で共にする。
20. 健実な経営方針で業績を伸ばす。
21. 会長の一喝には偉力がある。
22. 日頃の無惰遣いを戒める。
23. 彼の主張に異句同音に反対した。

24 法廷に訴拠資料を提出する。
25 野菜の速成栽培に成功する。
26 事故の負傷者を担荷で運ぶ。
27 苦手意識を克伏して成果を上げる。
28 香辛料の豊香が食欲をそそる。
ヒント 同音類字のある漢字に注目。
29 誇大盲想で話されて迷惑だ。
ヒント 同音異義語のある漢字に注目。
30 事態は随半現象によって起きた。
31 大雪で列車は立ち往上している。
32 所持品に自分の名前を銘記する。
ヒント 文意に合わない熟語に注目。
33 失敗の責任を他人に転化する。
34 健康に留意して摂生に勤める。
ヒント 使い分け要注意の語がある。
35 上位の得票者による決戦投票を行う。
ヒント 同音異義語のある語に注目。
36 鎮痛な面持ちで悲報を伝えた。
37 瞳を輝かせて将来の包負を語る。

38 土砂崩れの被害は尽大だった。
39 方外な請求に断固抗議する。
40 自宅の前の道路が補装された。
41 社長の意見に不和雷同する。
42 退職者に花束を贈提する。
43 単的な表現で的確に伝える。
44 政治家の腐廃ぶりは目に余る。
45 二酸化炭素の輩出を抑えた車だ。
46 岩礁や干型の生物を保護する。

ONE Point

形の似ている漢字を正しく覚えるには

字義を正しく覚えることが肝心です。部首をヒントに正しく書き分けましょう。

・倍増 ― 培養 ― 陪審 ― 賠償

書き取り 誤字訂正 練習2

1 次の各文にまちがって使われている同じ読みの漢字が一字ある。（　・　）の上に誤字を、下に正しい漢字を記せ。

誤　正

1 憧れている作家の筆致を模放して文章の修練に励む。（　・　）

2 園児を遊技室に集めて歌の発表会の練習をする。（　・　）

3 前代未聞の不肖事に会社中が騒然としている。（　・　）

4 彼は富有な家で出生したが今は窮迫した生活を送っている。（　・　）

5 異論が続出して議論が沸騰し、会議はますます紛急してきた。（　・　）

6 漸次上昇する物価にはいくら家計を閉めても追いつかない。（　・　）

7 最初から無謀な計画は立てずに現状に則した形で実現していこう。（　・　）

8 半分諦めていた入学試験の合格通知を受け取り、有頂点になる。（　・　）

9 文章は慢然と書かずに要点を簡潔にまとめてください。（　・　）

10 辞書の範例をよく読んで編集方針と使用方法を理解した。（　・　）

11 怒りに燃えた悪鬼のような形相に身奮いがした。（　・　）

12 生存競走の激烈な社会から離脱し平穏な生活を取り戻した。（　・　）

13 原子構造の簡単な水素は引火しやすく、空気が交じると爆発する。（　・　）

14 業務が停滞するほどの誤ちを犯して顧客に謝罪する。（　・　）

15 教授は好奇心応盛な学生から矢継ぎ早に質問を浴びせられた。（　・　）

16 児童の輪禍を防ぐために、教員が交査点に立って指導した。（　・　）

17 老朽化で高速道路の路面に危裂が入り、一時通行禁止になった。（　・　）

18 □ 大企業の不当な下受け単価の切り下げは規制されている。（　）

19 □ 定年後は妻と静かに全国津津浦浦の社寺を参景してみたい。（　）

20 □ 病状は回復してきたものの依然として予談を許さぬ状態が続いている。（　）

21 □ 警備員が現金輸送車とともに失捜した事件を追う。（　）

22 □ 文学作品に登場する優れた比愉表現について研究する。（　）

23 □【難】 被害者の遺族に弔意金を贈ることになった。（　）

24 □【注】 耳触りな音が一晩中鳴り響いて熟睡できなかった。（　）

25 □ 量販店で売られる梨の重量表示は風体込みのものが多い。（　）

26 □ 深山で瑠璃色の渓流に添って歩きながら大自然の美を観賞した。（　）

27 □ 国際的視野から人権侵害に対する監視を行い、人権養護に取り組む。（　）

28 □ 我が社では毎年四月一日に永続勤務者を表賞している。（　）

29 □ 鎌倉時代から室町時代にかけての建築技術の変遷を派握したい。（　）

30 □ 次回の総選挙では野党が連掲する構えを見せている。（　）

31 □ 入院中の祖母が一刻も悠予ならない状態に陥った。（　）

32 □【注】 容疑者は刑事の取り調べに対し黙否権を行使した。（　）

33 □ 自然の豊庫といわれる湿地帯が立ち入り禁止となり柵で囲われた。（　）

34 □ 雅趣あふれる老舗旅館で、坪庭に憂玄の美を感じた。（　）

35 □ 太陽電池を屋根に接置し家庭で電力を自給する時代も遠くない。（　）

ONE Point

書き取りで次のように書いても許容

無―無・無　　戸―戸・戸・戸

令―令・令　　言―言・言・言

書き取り

誤字訂正 練習2

② 次の各文にまちがって使われている同じ読みの漢字がある場合には、（　・　）の上に誤字を、下に正しい漢字を一字記し、まちがいない場合には上に○を入れて示せ。

誤　正

1　地球上の生命の唯持にとって大気の汚染は深刻な問題である。（　・　）

2　雪山での遭難の報を受け、救助隊は吹雪がやみ次第掃索を開始した。（　・　）

3　異法駐車は社会的な迷惑行為なので厳しく取り締まられる。（　・　）

4　新聞の家庭欄に掲載された教育についての投書に考えさせられた。（　・　）

5　才媛との誉れが高い姉は難関を突破して大学合格を果たした。（　・　）

6　停泊中の船が一勢に汽笛を鳴らすと野太い音が港に響き渡った。（　・　）

7　トラック輸送は、決められた積歳量を守るべきである。（　・　）

8　品評会で受賞ならずも褒められて以来、祖父は盆彩に夢中だ。（　・　）

9　商品の誇大広告に対して消費者は窮弾する構えを示そう。（　・　）

10　酒の勢いで冒言を吐いてしまったのは申し訳ないことだと反省する。（　・　）

11　内容が正しく伝われば、伝言メモの文章の巧拙は問わない。（　・　）

12　公約した改革実現を目指し、実現可能なところから前次実施する。（　・　）

13　偏狭な言動を反省して今後は平行感覚を身につける努力をしたい。（　・　）

14　自意識過乗して他人に意見を押し付けていたことが恥ずかしい。（　・　）

15　明治以降日本は欧米の文明を需容して近代化を図ってきた。（　・　）

16　今回の行事は前例に習うことなく独自の発想から出発したい。（　・　）

17　事故で土譲に浸透した化学物質が地下水も汚染してしまった。（　・　）

18 大臣の失言が物議を醸し、辞職を余儀なくされた。

19 騒音公害対策として遮音壁が高速道路沿いに設置された。

20 君の画期的なアイデアを今度の会議に計ってみたいと思う。

21 付近で発掘された恐竜の化石が地元の博物館で一般に広開された。

22 法師の奏でる笛の音は一族の栄華を知る者にとって哀折極まりなかった。

23 コストの変動による賃金アップの問題を労使相方で検討すべきだ。

24 政治家が企業から多額の賄路を受け取った事が発覚した。

25 目標達成には面密な計画と進捗状況の把握、全体の協力が必要だ。

26 急逝した親友を痛んで短歌を詠み霊前に献じた。

27 僅かな互解が思いがけない迷惑な騒ぎに発展してしまった。

28 精巧な仕組みのからくり人形が故障したので修理を委頼した。

29 伝統的な英雄の物語には興味深い創話が多い。

30 憲法記念日を迎えると戦争放棄の条文が活発に議論される。

31 各地の寺院に数多くの手掘りの仏像を残した仏師がいたそうだ。

32 大規模商業施設には敷地内に数箇所、消火泉が設置されている。

33 年来の目標であった全国制破の夢を達成することができた。

34 新機能を登載した携帯電話の発売が、業界に旋風を巻き起こした。

35 展望台からは朝夕の頂望が素晴らしく、誰もが旅情を満喫した。

ONE Point

書き取りで次のように書いても○になる

年―年・年・年　　保―保・保

骨―骨・骨

2級 実力完成問題 第1回

解答には常用漢字の旧字体（一部例外を除く）や表外漢字および常用漢字表以外の読みを使ってはいけない。

一 次の──線の読みをひらがなで記せ。

各1点／30

1. 生活扶助費を支給された。
2. 妻の弟とは姻戚関係にあたる。
3. 歯ごたえのよい煎餅を食べる。
4. 荒漠たる原野が広がっている。
5. たんすを納戸に置く。
6. 本社の貴賓室に案内された。
7. 未曽有の危機に直面する。
8. 碑文が摩滅して読めない。
9. 彼は古い旅館の若旦那だ。
10. 敵軍の駐屯地を偵察する。
11. 満遍なく栄養を摂取したい。
12. 心に響く秀逸な俳句だ。
13. 思わぬ災厄に見舞われる。
14. 妖艶な美女が画面に登場した。
15. 古刹の秘仏が特別公開される。
16. マラリアは蚊が媒介する。
17. 斎場は粛然として声もなかった。
18. 好事家が欲しがる古書だ。
19. 先生のご薫陶のお陰です。
20. 手拭いで汗をふきとった。
21. 日頃より培った力を発揮する。
22. 近く上京する旨を伝える。
23. 強敵を前に尻込みしてしまった。
24. 掲示物を乱暴に剝がされた。

二 次の漢字の**部首**を記せ。

〈例〉菜（艹）

1. 串（ ）
2. 準（ ）
3. 唇（ ）
4. 股（ ）
5. 至（ ）
6. 椎（ ）
7. 奪（ ）
8. 轄（ ）
9. 克（ ）
10. 顕（ ）

25. 肺を患って入院する。
26. レンゲの蜂蜜を紅茶に入れる。
27. 彼は際立って踊りが上手だ。
28. 愛媛県の道後温泉で湯治がしたい。
29. この作戦の要は機動力だ。
30. きっと誰かに唆されたのだ。

三 **熟語の構成**のしかたには次のようなものがある。

ア 同じような意味の漢字を重ねたもの （岩石）
イ 反対または対応の意味を表す字を重ねたもの （高低）
ウ 上の字が下の字を修飾しているもの （洋画）
エ 下の字が上の字の目的語・補語になっているもの （着席）
オ 主語と述語の関係にあるもの （国立）

次の熟語は、右のア〜オのどれにあたるか、一つ選び、**記号にマーク**せよ。

1. 懸命
2. 迅速
3. 衆寡
4. 才媛
5. 硝煙
6. 媒体
7. 市営
8. 造幣
9. 弾劾
10. 忍苦

三・四 問2の答えは □ 内の記号にマークすること。
*一・二・四 問1・五〜九 の答えはマークシート方式ではありません。

四 次の四字熟語について、問1と問2に答えよ。

問1
次の四字熟語の（1〜10）に入る適切な語を後の□□の中から選び、漢字二字で記せ。

ア 1 会者（　　）
イ 2 盛者（　　）
ウ 3 （　　）西走
エ 4 衣錦（　　）
オ 5 志操（　　）
カ 6 小心（　　）
キ 7 生生（　　）
ク 8 （　　）諾諾
ケ 9 （　　）東風
コ 10 意気（　　）

いい・かんきょう・けんご・しょうてん
じょうり・とうほん・ばじ・ひっすい
よくよく・るてん

問2
次の 11〜15 の意味にあてはまるものを問1のア〜コの四字熟語から一つ選び、記号にマークせよ。

11 相手の言いなりになること。
[ア][イ][ウ][エ][オ][カ][キ][ク][ケ][コ]

12 知り合ったものはいずれ別れる運命にある。
[ア][イ][ウ][エ][オ][カ][キ][ク][ケ][コ]

13 主義や考えなどを変えないこと。
[ア][イ][ウ][エ][オ][カ][キ][ク][ケ][コ]

14 万物は絶えず移り変わること。
[ア][イ][ウ][エ][オ][カ][キ][ク][ケ][コ]

15 出世してふるさとへ帰ること。
[ア][イ][ウ][エ][オ][カ][キ][ク][ケ][コ]

五 次の1～5の対義語、6～10の類義語を後の□□の中から選び、漢字で記せ。□□の中の語は一度だけ使うこと。

対義語
1. 下賜 ―（　　）
2. 直進 ―（　　）
3. 偉大 ―（　　）
4. 開放 ―（　　）
5. 爽快 ―（　　）

類義語
6. 不和 ―（　　）
7. 尊大 ―（　　）
8. 安価 ―（　　）
9. 勾配 ―（　　）
10. 勤勉 ―（　　）

けいしゃ・けんじょう・こうまん
せいれい・だこう・はんもく・へいさ
ぼんよう・ゆううつ・れんか

各2点 /20 2×10

六 次の――線のカタカナを漢字に直せ。

1. 税理士のシカクをとる。
2. 暗殺を企てシカクを放った。
3. 母親が赤ん坊にソい寝する。
4. 川にソって散策を楽しむ。
5. 人目をサけて通る。
6. 口がサけても言えない。
7. 亡父のイシュウキに墓参りする。
8. 空気清浄機でシュウキを除く。
9. 野菜がイタみやすい季節だ。
10. 部長の突然の死をイタむ。

各2点 /20 2×10

実力完成問題

三・四 問2の答えは□内の記号にマークすること。
*一・二・四 問1・五～九の答えはマークシート方式ではありません。

七　次の各文にまちがって使われている同じ読みの漢字が一字ある。（　）に誤字を、[　]に正しい漢字を記せ。

1. 海外で大規募な災害が発生した場合、国は国際緊急援助隊を派遣することがある。　誤（募）正[模]

2. 上場企業の総帥が心筋梗塞で倒れたが、的切な応急処置により一命を取り留めたそうだ。（切）[切→適]

3. 中高年の生涯学習や体力作りを支援する団体が長期待在型の国内旅行を提唱する。（待）[滞]

4. この会社は諸民感覚を先取りし、巧みな通信販売で業績を順調に伸ばしている。（諸）[庶]

5. 結核患者数が再び増加に転じ、医療機関などで集団感潜するケースが増えている。（潜）[染]

八　次の――線のカタカナを漢字一字と送りがな（ひらがな）に直せ。

〈例〉問題にコタエル。（答える）

1. 相手をアナドッて油断するな。

2. 先に進むようにウナガス。

3. 一点差でオシクも敗れた。

4. ワズカナ食料を仲間と分け合う。

5. 議員の名をハズカシメル行為だ。

九 次の——線のカタカナを漢字に直せ。

1 歯茎が**エンショウ**を起こした。
2 著書を恩師に**ゾウテイ**する。
3 **イコン**を晴らす時が来た。
4 彼の言動に**カイギ**の念を持つ。
5 証拠品が警察に**オウシュウ**された。
6 事態の**シャクメイ**を求める。
7 錦秋の**ケイコク**美を堪能する。
8 **トウテツ**した論旨に敬服した。
9 一輪挿しの**カビン**をいただく。
10 **ガイトウ**する項目をチェックする。
11 祭礼の**チゴ**行列が通る。
12 現場に**ケッコン**が残されていた。

13 部活動を**ショウレイ**する校風だ。
14 **シュツラン**の誉れと賞賛された。
15 **ナグ**るような大雨に打たれる。
16 **キバ**をむいて獲物を待ち構える。
17 払暁に**ニワトリ**の鳴き声が響く。
18 鉛筆をナイフで**ケズ**る。
19 **トコナツ**の国に永住したい。
20 奇抜だが品のある**ヨソオ**いだ。
21 部屋中を**チマナコ**になって探す。
22 心霊写真などマユツバモノだ。
23 都会には欲望が**ウズマ**いている。
24 彼女が**ハ**く靴下は派手だ。
25 水だけで**ウ**えをしのいだ。

2級 実力完成問題 第2回

一 次の──線の読みをひらがなで記せ。

1 咽頭炎を疑い検査する。
2 時期により繁閑のある店だ。
3 自己顕示欲の強い人物だ。
4 当店の銘菓を是非ご賞玩下さい。
5 胸襟を開いて語り合った。
6 食べこぼしを布巾でふきとる。
7 母は西洋美術への造詣が深い。
8 克己心を常に持ち続ける。
9 ヘリコプターが旋回している。
10 時代の奔流に巻き込まれる。
11 下士官ながら殊勲を立てた。
12 堕落した生活を母に叱責される。
13 平衡感覚に優れた人だ。
14 人倫に反する行為を戒める。
15 俊才の誉れ高い人だった。
16 落ち葉を腐らせて堆肥を作る。
17 渇水期には池が干上がりそうだ。
18 旧来の悪弊を改めたいと思う。
19 大鍋で乾麺をゆで上げた。
20 夕闇の中、街灯がともり始める。
21 切れた鼻緒をすげる。
22 社会から葬り去られた。
23 茨城県の天気を調べる。
24 降る雨にも春の兆しを感じる。

解答には常用漢字の旧字体（一部例外を除く）や表外漢字および常用漢字表以外の読みを使ってはいけない。

二 次の漢字の**部首**を記せ。

〈例〉菜（艹）

1. 劾（　）
2. 朱（　）
3. 宰（　）
4. 懲（　）
5. 眉（　）
6. 阜（　）
7. 者（　）
8. 貢（　）
9. 毀（　）
10. 赴（　）

25. 別紙も併せてご覧ください。
26. 潔く非を認める。
27. 犬は飼い主によく懐く。
28. 肘をついて食べるのは行儀が悪い。
29. 新米を口いっぱいに頬張った。
30. 類いまれな運動神経を授かる。

各1点 /10

三 **熟語の構成**のしかたには次のようなものがある。

ア 同じような意味の漢字を重ねたもの（岩石）
イ 反対または対応の意味を表す字を重ねたもの（高低）
ウ 上の字が下の字を修飾しているもの（洋画）
エ 下の字が上の字の目的語・補語になっているもの（着席）
オ 上の字が下の字を打ち消しているもの（非常）

次の熟語は、右のア〜オのどれにあたるか、一つ選び、**記号にマーク**せよ。

1. 安寧　［ア　イ　ウ　エ　オ］
2. 併記　［ア　イ　ウ　エ　オ］
3. 未踏　［ア　イ　ウ　エ　オ］
4. 献杯　［ア　イ　ウ　エ　オ］
5. 筆禍　［ア　イ　ウ　エ　オ］
6. 栄辱　［ア　イ　ウ　エ　オ］
7. 臆断　［ア　イ　ウ　エ　オ］
8. 憂愁　［ア　イ　ウ　エ　オ］
9. 去就　［ア　イ　ウ　エ　オ］
10. 離礁　［ア　イ　ウ　エ　オ］

各2点 /20 2×10

三・四 問2の答えは「 」内の記号にマークすること。
＊一・二・四 問1・五〜九の答えはマークシート方式ではありません。

実力完成問題

四 次の四字熟語について、問1と問2に答えよ。

問1 次の四字熟語の（1〜10）に入る適切な語を下の□の中から選び、漢字二字で記せ。

各2点 20 2×10

ア 1 心頭（　）
イ 2 円転（　）
ウ 3 頑固（　）
エ 4（　）一遇
オ 5（　）存亡
カ 6 賢明（　）
キ 7（　）断行
ク 8 朝三（　）
ケ 9 当意（　）
コ 10（　）一体

いってつ・かつだつ・ききゅう・ぐまい
じゅくりょ・せんざい・そくみょう
ひょうり・ぼし・めっきゃく

問2 次の 11〜15 の意味にあてはまるものを問1のア〜コの四字熟語から一つ選び、記号にマークせよ。

各2点 10 2×5

11 物事の本質を理解しないこと。
12 またとない機会。
13 その場に合った対応をすること。
14 物事をそつなく取り仕切るさま。
15 よく考え、思い切って実行すること。

11 ［ア］［イ］［ウ］［エ］［オ］［カ］［キ］［ク］［ケ］［コ］
12 ［ア］［イ］［ウ］［エ］［オ］［カ］［キ］［ク］［ケ］［コ］
13 ［ア］［イ］［ウ］［エ］［オ］［カ］［キ］［ク］［ケ］［コ］
14 ［ア］［イ］［ウ］［エ］［オ］［カ］［キ］［ク］［ケ］［コ］
15 ［ア］［イ］［ウ］［エ］［オ］［カ］［キ］［ク］［ケ］［コ］

五

次の 1～5 の対義語、6～10 の類義語を後の □ の中から選び、**漢字**で記せ。
□ の中の語は一度だけ使うこと。

各2点 /20 (2×10)

対義語

1. 禁欲―（　）
2. 冗舌―（　）
3. 抽出―（　）
4. 継続―（　）
5. 安心―（　）

類義語

6. 永遠―（　）
7. 井桁―（　）
8. 回顧―（　）
9. 公表―（　）
10. 面倒―（　）

いづつ・かもく・きぐ・きょうらく
そうにゅう・ついおく・とぜつ・ひろう
むきゅう・やっかい

六

次の――線のカタカナを漢字に直せ。

各2点 /20 (2×10)

1. キトク権を守っていきたい。
2. 父キトクの報に急いで帰る。
3. 実力ハクチュウの好試合だ。
4. ハクチュウに強盗が押し入った。
5. ホウヨウを交わして再会を喜ぶ。
6. ホウヨウ力があり頼もしい。
7. 失敗の責任をテンカする。
8. 保存のため防腐剤をテンカする。
9. 丼に山モりのご飯を食べる。
10. 雨モりの音がする。

三・四 問2の答えは □ 内の記号にマークすること。
＊一・二・四問1・五～九の答えはマークシート方式ではありません。

七 次の各文にまちがって使われている同じ読みの漢字が一字ある。（　）に誤字を、〔　〕に正しい漢字を記せ。

1. PKOは国連が受け入れ国の同意を得て憤争拡大の防止、選挙監視などの活動をする。（　）〔　〕

2. 手動のレトロカメラを販売したところ、注文が殺踏して不況下でも好調な売れ行きである。（　）〔　〕

3. 厚生労働省は、伝染性の疫病の近急事態宣言を発表し、特に若年者と高齢者に注意を促した。（　）〔　〕

4. 部長は服の袖に付着した朝食の米粒を指摘され、周恥心で顔を紅潮させた。（　）〔　〕

5. 家電リサイクル法も浸透した昨今だが、使用済み製品のより巧率的な回収と再利用は課題である。（　）〔　〕

八 次の——線のカタカナを漢字一字と送りがな（ひらがな）に直せ。

〈例〉問題にコタエル。（答える）

1. ハゲマシの言葉をかけた。（　）
2. 少年が野球選手にアコガレル。（　）
3. アキルほど聞いた話だ。（　）
4. 耳にするのもケガラワシイ話だ。（　）
5. 海外進出をクワダテル。（　）

九 次の——線のカタカナを漢字に直せ。

各2点 /50 (2×25)

1 大手グループの**サンカ**に入る。
2 **ユウズウ**をきかせて処理する。
3 予算案を慎重に**シンギ**する。
4 会社と**コヨウ**契約を結ぶ。
5 **カンレキ**を迎えたお祝いをする。
6 戸籍**トウホン**を取り寄せた。
7 美しい**インリツ**の詩だ。
8 生産**カジョウ**を抑制する。
9 **クチュウ**を察していただきたい。
10 スポーツを**スイショウ**する高校だ。
11 **シンセキ**の結婚式に参列する。
12 人間は**セキツイ**動物だ。

13 近頃の若者には**ハキ**がない。
14 母屋を**フシン**するつもりだ。
15 屋根の**カワラ**をふきかえる。
16 他者を**ノノシ**るべきではない。
17 山間を**ヌ**うように道路が走る。
18 心を澄まして琴を**カナ**でる。
19 情報が**トボ**しく判断しかねる。
20 古い**カラ**を打ち破る。
21 子どもたちが広場に**カ**けて行く。
22 遺跡から**ツルギ**が発掘された。
23 お**ミキ**を杯にいただく。
24 **マクラ**が変わると眠れない。
25 情報は全て**ツツヌ**けだった。

2級配当漢字表 (赤字は高校で学習する読み)

漢字	読み	部首
挨	アイ	扌
曖	アイ	日
宛	あてる	宀
嵐	あらし	山
畏	イ、おそれる	田
萎	イ、なえる	艹
椅	イ	木
彙	イ	ヨ
茨	いばら	艹
咽	イン	口
淫〔淫〕	イン、みだら	氵
唄	うた	口
鬱	ウツ	鬯
怨	エン、オン	心

漢字	読み	部首
媛	エン	女
艶	エン、つや	色
旺	オウ	日
岡	おか	山
臆	オク	月(にくづき)
俺	おれ	亻
苛	カ	艹
牙〔牙〕	ガ・ゲ、きば	牙
瓦	ガ、かわら	瓦
楷	カイ	木
潰	カイ、つぶす、つぶれる	氵
諧	カイ	言
崖	ガイ、がけ	山

漢字	読み	部首
蓋	ガイ、ふた	艹
骸	ガイ	骨
柿	かき	木
顎	ガク、あご	頁
葛〔葛〕	カツ、くず	艹
釜	かま	金
鎌	かま	金
韓	カン	韋
玩	ガン	王
伎	キ	亻
亀	キ、かめ	亀
毀	キ	殳
畿	キ	田
臼	キュウ、うす	臼

漢字	読み	部首
嗅〔嗅〕	キュウ、かぐ	口
巾	キン	巾
僅〔僅〕	キン、わずか	亻
錦	キン、にしき	金
惧〔惧〕	グ	忄
串	くし	丨
窟	クツ	穴
熊	くま	灬
詣	ケイ、もうでる	言
憬	ケイ	忄
稽〔稽〕	ケイ	禾
隙	ゲキ、すき	阝
桁	けた	木
拳	ケン、こぶし	手

漢字	読み	部首
鍵	ケン／かぎ	金
舷	ゲン	舟
股	コ／また	月（にくづき）
虎	コ／とら	虍
錮	コ	金
勾	コウ	勹
梗	コウ	木
喉	コウ／のど	口
乞	こう	乙
傲	ゴウ	イ
駒	こま	馬
頃	ころ	頁
痕	コン／あと	广
沙	サ	氵
挫	ザ	扌

漢字	読み	部首
采	サイ	釆
塞	サイ・ソク／ふさぐ／ふさがる	土
埼	さい	土
柵	サク	木
刹	サツ・セツ	刂
拶	サツ	扌
斬	ザン／きる	斤
恣	シ	心
摯	シ	手
餌〔餌〕	ジ／えさ	食
鹿	しか	鹿
叱	シツ／しかる	口
嫉	シツ	女

漢字	読み	部首
腫	シュ／はれる／はらす	月（にくづき）
呪	ジュ／のろう	口
袖	シュウ／そで	衤
羞	シュウ	羊
蹴	シュウ／ける	足
憧	ショウ／あこがれる	忄
拭	ショク／ふく／ぬぐう	扌
尻	しり	尸
芯	シン	艹
腎	ジン	肉
須	ス	頁
裾	すそ	衤
凄	セイ	冫

漢字	読み	部首
醒	セイ	酉
脊	セキ	肉
戚	セキ	戈
煎〔煎〕	セン／いる	灬
羨	セン／うらやむ／うらやましい	羊
腺	セン	月（にくづき）
詮〔詮〕	セン	言
箋〔箋〕	セン	竹
膳	ゼン	月（にくづき）
狙	ねらう	犭
遡〔遡〕	ソ／さかのぼる	辶
曽	ソウ	曰
爽	ソウ／さわやか	大
痩	ソウ／やせる	疒

漢字	読み	部首
踪	ソウ	足
捉	ソク／とらえる	扌
遜[遜]	ソン	辶
汰	タ	氵
唾	ダ／つば	口
堆	タイ	土
戴	タイ	戈
誰	だれ	言
旦	タン／ダン	日
綻	タン／ほころびる	糸
緻	チ	糸
酎	チュウ	酉
貼	チョウ／はる	貝
嘲[嘲]	チョウ／あざける	口
捗[捗]	チョク	扌

漢字	読み	部首
椎	ツイ	木
爪	つめ／つま	爪
鶴	つる	鳥
諦	テイ／あきらめる	言
溺[溺]	デキ／おぼれる	氵
塡[塡]	テン	土
妬	ねたむ	女
賭[賭]	ト／かける	貝
藤	トウ／ふじ	艹
瞳	ドウ／ひとみ	目
栃	とち	木
頓	トン	頁
貪	ドン／むさぼる	貝
丼	どんぶり	丶
那	ナ	阝

漢字	読み	部首
奈	ナ	大
梨	なし	木
謎[謎]	なぞ	言
鍋	なべ	金
匂	におう	勹
虹	にじ	虫
捻	ネン	扌
罵	ののしる	四
剝[剝]	ハク／はがす・はぐ／はがれる／はげる	刂
箸[箸]	はし	竹
氾	ハン	氵
汎	ハン	氵
阪	ハン	阝
斑	ハン	文

漢字	読み	部首
眉	ビ・ミ／まゆ	目
膝	ひざ	月(にくづき)
肘	ひじ	月(にくづき)
阜	フ	阜
訃	フ	言
蔽[蔽]	ヘイ	艹
餅[餅]	ヘイ／もち	飠
璧	ヘキ	玉
蔑	ベツ／さげすむ	艹
哺	ホ	口
蜂	ホウ／はち	虫
貌	ボウ	豸
頰[頰]	ほお	頁
睦	ボク	目
勃	ボツ	力

漢字	読み	部首
味	マイ	日
枕	まくら	木
蜜	ミツ	虫
冥	メイ／ミョウ	冖
麺	メン	麦
冶	ヤ	冫
弥	や	弓
闇	やみ	門
喩〔喩〕	ユ	口
湧	ユウ／わく	氵
妖	ヨウ／あやしい	女
瘍	ヨウ	疒
沃	ヨク	氵
拉	ラ	扌
辣	ラツ	辛

漢字	読み	部首
藍	ラン／あい	艹
璃	リ	王
慄	リツ	忄
侶	リョ	亻
瞭	リョウ	目
瑠	ル	王
呂	ロ	口
賂	ロ	貝
弄	ロウ／もてあそぶ	廾
籠	ロウ／かご・こもる	竹
麓	ロク／ふもと	木
脇	わき	月（にくづき）
計		一九六字
準二級までの合計		一九四〇字
累　計		二一三六字

四字熟語とその意味

あ
- 哀毀骨立（あいきこつりつ）：悲しみの極み。親との死別にひどく悲しむこと。

い
- 唯唯諾諾（いいだくだく）：相手の言いなりになること。
- 衣錦還郷（いきんかんきょう）：立身出世して故郷に帰ること。
- 一筆勾消（いっぴつこうしょう）：これまでのすべてを取り消すこと。
- 隠忍自重（いんにんじちょう）：じっと我慢して、軽々しい言動をとらないこと。

う
- 鬱鬱勃勃（うつうつぼつぼつ）：気が盛んに満ちるさま。
- 雲水行脚（うんすいあんぎゃ）：修行僧が諸国を巡って仏法を修行すること。

え
- 英俊豪傑（えいしゅんごうけつ）：人並み外れて優れた人物。
- 会者定離（えしゃじょうり）：知り合ったものは必ず別れる運命にある。
- 円転滑脱（えんてんかつだつ）：物事がすらすらと運ぶさま。

お
- 怨親平等（おんしんびょうどう）：うらみ敵対する者も憎まず、親しい者でもひいきしない。
- 岡目八目（おかめはちもく）：はたで見ているほうが、当事者よりも情勢を正確に判断できること。

か
- 外柔内剛（がいじゅうないごう）：見かけは穏やかだが、心の中はしっかりしていること。
- 快刀乱麻（かいとうらんま）：こじれた物事を鮮やかに解決すること。
- 苛政猛虎（かせいもうこ）：苛酷な政治は人食い虎よりも恐ろしいということ。
- 合従連衡（がっしょうれんこう）：状況に応じて結びついたり離れたりすること。

き
- 汗牛充棟（かんぎゅうじゅうとう）：蔵書が非常にたくさんあること。
- 換骨奪胎（かんこつだったい）：古人の作品に基づいて独自のものを生み出すこと。
- 閑話休題（かんわきゅうだい）：それはさておき。
- 気宇壮大（きうそうだい）：心構えや発想が並外れて大きいこと。
- 気炎万丈（きえんばんじょう）：他を圧倒するほど威勢がいいこと。
- 危急存亡（ききゅうそんぼう）：生きるか死ぬかの瀬戸際。
- 吉凶禍福（きっきょうかふく）：幸いとわざわい。
- 教唆扇動（きょうさせんどう）：唆して人の心をあおること。
- 錦衣玉食（きんいぎょくしょく）：ぜいたくな生活をすること。
- 金科玉条（きんかぎょくじょう）：最も大切な決まりや法律。
- 錦上添花（きんじょうてんか）：美しいものの上に更に美しいものを加えること。
- 吟風弄月（ぎんぷうろうげつ）：詩人が自然の景色を題材に即興詩を作ること。

く
- 群雄割拠（ぐんゆうかっきょ）：多くの実力者が互いに勢力を争うこと。

け
- 堅忍不抜（けんにんふばつ）：我慢強く何事にも耐え、動揺しないこと。
- 堅塞固塁（けんさいこるい）：非常に堅固なとりで。
- 月下氷人（げっかひょうじん）：男女の縁をとりもつ人。

こ
- 厚顔無恥（こうがんむち）：ずうずうしい態度。
- 綱紀粛正（こうきしゅくせい）：乱れた規律を引き締めること。
- 巧遅拙速（こうちせっそく）：上手で遅いより、下手でも速い方が良いという意味。

さ

▼**沙羅双樹**（さらそうじゅ）
釈迦が涅槃に入ったとき、その四方に二本ずつあったという沙羅の木。

□**金輪奈落**（こんりんならく）
物事の極限のこと。また、どこまでも・絶対にの意。

□**虎頭蛇尾**（ことうだび）
はじめは盛んで、終わりがふるわないこと。

□**孤城落日**（こじょうらくじつ）
勢いを失い心細く頼りないたとえ。

□**呉越同舟**（ごえつどうしゅう）
仲の悪い者が一つ所に居合わせること。

□**高論卓説**（こうろんたくせつ）
抜きん出て優れた意見。

□**荒唐無稽**（こうとうむけい）
言説に根拠がなく、現実性に欠けること。でたらめ。

し

▼**詩歌管弦**（しいかかんげん）
風雅な文学と音楽。

□**質実剛健**（しつじつごうけん）
飾り気がなく真面目で、強くたくましいようす。

□**四分五裂**（しぶんごれつ）
ばらばらになること。

□**羞月閉花**（しゅうげつへいか）
美しい女性のこと。「閉花羞月」「閉月羞花」とも。

□**秋霜烈日**（しゅうそうれつじつ）
刑罰や権威などが極めて厳しいさま。

□**春宵一刻**（しゅんしょういっこく）
春の夜は趣深く、一刻にはかえがたい価値がある。

□**順風満帆**（じゅんぷうまんぱん）
物事がうまく進むこと。

□**盛者必衰**（じょうしゃひっすい）
この世は無常であることをいう。

□**小心翼翼**（しょうしんよくよく）
びくびくしているさま。

□**精進潔斎**（しょうじんけっさい）
飲食を慎み、身を清めて不浄を避けること。

□**枝葉末節**（しようまっせつ）
本質から外れた重要でない部分。

□**神采英抜**（しんさいえいばつ）
心も風采も、人より抜きん出ていること。

□**心頭滅却**（しんとうめっきゃく）
あらゆる雑念を消し去ること。

□**森羅万象**（しんらばんしょう）
宇宙に存在するすべてのもの。

す

▼**酔生夢死**（すいせいむし）
なすところもなく、いたずらに一生を終えること。

せ

▼**凄凄切切**（せいせいせつせつ）
極めてものさびしいこと。

▼**青藍氷水**（せいらんひょうすい）
弟子が師よりもまさるたとえ。

▼**清廉潔白**（せいれんけっぱく）
心や行いが正しく、やましさがないこと。

▼**浅学非才**（せんがくひさい）
学識が浅く、才能も乏しいこと。

▼**煎水作氷**（せんすいさくひょう）
まったく不可能なこと。

た

▼**泰山北斗**（たいざんほくと）
学問や芸術など、ある分野の第一人者。

▼**泰然自若**（たいぜんじじゃく）
落ち着き払って動じないさま。

▼**大言壮語**（たいげんそうご）
口では大きなことを言っても、実行が伴わないこと。

▼**堆金積玉**（たいきんせきぎょく）
非常に多くの富を集めること。

ち

▼**多岐亡羊**（たきぼうよう）
選択肢があり過ぎて迷うこと。

▼**昼夜兼行**（ちゅうやけんこう）
休まず物事をし続けること。

▼**朝三暮四**（ちょうさんぼし）
目先の違いにとらわれ、同じ結果になることに気付かないたとえ。

▼**朝令暮改**（ちょうれいぼかい）
法律や規則がすぐ変わって定まらないこと。

て

▼**天衣無縫**（てんいむほう）
自然のままで飾り気がないこと。

と

▼**陶犬瓦鶏**（とうけんがけい）
格好ばかりで役に立たないもののたとえ。

□**怒髪衝天**（どはつしょうてん）
激しく憤る形相。

- ☐ 土崩瓦解（どほうがかい）
物事が根底から崩れ、手の施しようもない状態のこと。

- ▼な 内疎外親（ないそがいしん）
仲良く見えても、心は離れていること。

- 内憂外患（ないゆうがいかん）
内部にも外部にも、あれこれ心配事の多いこと。

- 南船北馬（なんせんほくば）
絶えず各地を忙しく旅すること。

- ▼に 二律背反（にりつはいはん）
相互に対立する二つの命題が、同等の権利をもって主張されること。

- ▼ね 熱願冷諦（ねつがんれいてい）
熱心に願うことと冷静に本質を見つめること。

- ▼は 白砂青松（はくしゃせいしょう）
浜辺の美しい景観。

- 薄暮冥冥（はくぼめいめい）
夕暮れの薄暗いさま。夕暮れのように薄暗いさま。

- 破邪顕正（はじゃけんしょう）
不正を打破し正義を守ること。

- 破綻百出（はたんひゃくしゅつ）
言動がいい加減で、次々にぼろを出すこと。

- 抜山蓋世（ばつざんがいせい）
非常に威勢が強いこと。また、気性が勇壮盛んなこと。

- 抜本塞源（ばっぽんそくげん）
災いの原因を取り除くこと。

- 汎愛兼利（はんあいけんり）
すべての人を愛し、利益をともに広く分け合うこと。

- 万緑一紅（ばんりょくいっこう）
多くの中で目立って優れているもの。

- ▼ひ 比翼連理（ひよくれんり）
男女の情愛が深く、むつまじいたとえ。

- ▼ふ 普遍妥当（ふへんだとう）
どんな場合でも適切として認められること。

- ☐ 不偏不党（ふへんふとう）
公正・中立の立場をとること。

- 粉骨砕身（ふんこつさいしん）
全力を尽くして努力すること。

- ▼へ 片言隻語（へんげんせきご）
ほんのわずかな言葉。「片言隻句（へんげんせっく）」「高歌放吟」とも。

- ▼ほ 方底円蓋（ほうていえんがい）
物事が食い違って合わないことのたとえ。

- 忙中有閑（ぼうちゅうゆうかん）
仕事に追われていても一息つく時間があること。

- 傍若無人（ぼうじゃくぶじん）
辺りをはばからない振る舞い。

- 放歌高吟（ほうかこうぎん）
辺り構わず大声で歌うこと。「高歌放吟」とも。

- ▼み 名詮自性（みょうせんじしょう）
名はそのものの本質を表すこと。

- ▼む 無為徒食（むいとしょく）
何もせず漫然と日々を送ること

- ▼よ 羊質虎皮（ようしつこひ）
外見は立派だが中身がないこと。

- 妖言惑衆（ようげんわくしゅう）
あやしげなことを言いふらして多くの人を惑わすこと。

- ▼れ 冷汗三斗（れいかんさんと）
非常に恐ろしい目に遭ったり、恥ずかしい思いをしたりすること。

- 冷嘲熱罵（れいちょうねつば）
冷ややかにあざけり、熱心になじること。

- ▼ろ 籠鳥恋雲（ろうちょうれんうん）
自由を奪われ思い通りに生きられない境遇のたとえ。

- ▼わ 和魂漢才（わこんかんさい）
和の心を持ちつつ中国伝来の学問の才を備え持つこと。

- 和衷協同（わちゅうきょうどう）
心を合わせて物事に当たること。

郵便はがき

お手数ですが切手をおはりください。

6050074

（受取人）
京都市東山区祇園町南側
551番地

（公財）日本漢字能力検定協会
　　　　　　　編集係 行

K1903

フリガナ
お名前

〒　　　　　　　　　　　TEL
ご住所

　ご記入頂きました個人情報は、アンケートの集計及び粗品の送付、今後の（公財）日本漢字能力検定協会の事業に関するご案内以外の目的には使用しません。また、第三者への開示、弊協会外へ漏洩することもございません。

　16歳未満の方は、保護者の同意の上ご記入ください。

　個人情報のご記入は任意でありますが、必須事項をご記入頂けない場合は粗品の送付が出来ない場合がございますので、ご注意ください。

　ご記入頂きました個人情報に関する開示、訂正等お問い合わせは、下記の窓口へお願いします。

　(公財)日本漢字能力検定協会　個人情報保護責任者　事務局長
　　個人情報相談窓口　https://www.kanken.or.jp/privacy/

愛読者カード

お買い上げいただきありがとうございます。今後の出版事業に役立てたいと思いますので、下記のアンケートにご協力ください。抽選で粗品をお送りします。

お買い上げいただいた本（級に○印をつけてください）
『漢検　分野別問題集』　２級　準２級　３級　４級　５級　６級

● 年齢＿＿＿＿＿歳　　　　● 性別　　男　・　女

● この本を知ったきっかけを教えてください。
a. 書店の棚で見て　b. インターネットで見て　c. 学校・塾ですすめられて
d.「受検要項」「願書」を見て　e. 新聞広告で見て
f.「漢検書籍のご案内」（漢検特報）を見て　g.「漢検ジャーナル」を見て
h. その他（　　　　　　　　　　　　　　　　　　　　　　　　　）

● 今までに日本漢字能力検定を受検したことがありますか。
a. ある　　　b. ない

● 今後、日本漢字能力検定を受検する予定はありますか。
a. ある　　　b. ない　　　c. わからない

● 問題集を選ぶ際に、最も重視するところを教えてください。
（一つだけに○）
a. カバーのデザイン　b. 問題量　c. 文字の大きさや配色
d. コラムやイラスト　e. 本のサイズ　f. 価格　g. 出版社
h. 入手しやすさ　i. 評判、口コミ　j. 広告に出ている
k. その他（　　　　　　　　　　　　　　　　　　　　　　　　　）

● この本の内容でよかったものを教えてください。（複数回答可）
a. 分野ごとに分かれた構成　　b. 各分野の問題数
c.「おもしろゼミ」の解説　　d. 実力完成問題
e. ミニコラム「One point」　　f. 別冊解答の「スキルアップ」
g. 問題の「ヒント」や語の「意味」　　h. 難易度や注意を示すマーク
i. 誌面のデザイン　　j. その他（　　　　　　　　　　　　　　　）

ご協力ありがとうございました。

■都道府県名

都道府県名には「常用漢字表」で特別な読み方をする漢字が含まれています。

16	15	14	13	12	11	10	9	8	7	6	5	4	3	2	1
富山県	新潟県	神奈川県	東京都	千葉県	埼玉県	群馬県	栃木県	茨城県	福島県	山形県	秋田県	宮城県	岩手県	青森県	北海道

32	31	30	29	28	27	26	25	24	23	22	21	20	19	18	17
島根県	鳥取県	和歌山県	奈良県	兵庫県	大阪府	京都府	滋賀県	三重県	愛知県	静岡県	岐阜県	長野県	山梨県	福井県	石川県

47	46	45	44	43	42	41	40	39	38	37	36	35	34	33
沖縄県	鹿児島県	宮崎県	大分県	熊本県	長崎県	佐賀県	福岡県	高知県	愛媛県	香川県	徳島県	山口県	広島県	岡山県

学年別漢字配当表

「小学校学習指導要領」（平成23年度実施）による

学年	ア	イ	ウ	エ	オ	カ	キ	ク	ケ	コ	サ
1年[10級]	一	右雨	円		王音	下火花貝学	気九休玉金	空	月犬見	五口校	左三山
2年[9級]	引	羽雲		園遠		何科夏家歌画回会海絵外角楽活間丸岩顔	汽記帰弓牛魚京強教近		兄形計元言原	戸古午後語工公広交光考行高黄合谷国黒	才細作算今
3年[8級]	悪安暗	医委意育員院	飲	運	央横屋温	化荷界開階寒感漢館岸起期客究急級宮球去橋業曲局銀	区苦具君係軽血決研県			庫湖向幸港号根	祭皿
4年[7級]	愛案	以衣位囲胃印		英栄塩	億	加果貨課芽改械害街各覚完官管関観願希季紀喜旗器機議求泣救給挙漁共協鏡競	極訓軍郡径型景芸欠結建健			固功好候航康告	差菜最材昨札刷殺察参産散残
5年[6級]	圧	移因		永営衛易益液演	応往桜恩	可仮価河過賀快解格確額刊幹慣眼基寄規技義逆久旧居許境均禁	句群経潔件券険検	限現減故個護効厚耕鉱構興講混			在財罪殺妻採際在財罪雑酸賛
6年[5級]	異遺域	宇	延沿	映	我灰拡革閣割株干巻看簡危机揮貴疑吸供胸郷勤筋	系敬警劇激穴己呼誤后孝皇紅降鋼刻穀骨困					砂座済裁策冊蚕

学年別漢字配当表

シ	ス	セ	ソ	タ	チ	ツ	テ	ト	ナ	ニ	ネ
子四糸字耳七車手十出女小上森人	水	正生青夕石赤	千川先早草足村	大男	竹中虫町		天田	土		二日入	年
止市矢姉思紙寺自時室社弱首秋週春書少場色食心新親	図数	西声星晴切雪	船線前組走	多太体台	地池知茶昼長	鳥朝直通	弟店点電	刀冬当東答頭同道読	南	肉	
仕死使始指歯詩次事持式実写者主守取酒受州拾終習集住重宿所暑助昭消商章勝乗植申身神真深進		世整昔全	相送想息速族	他打対待代第題炭短談	着注柱丁帳調	追	定笛鉄転	都度投豆島湯登等動童			
士氏史司試児治辞失借種周祝順初松笑唱焼象照賞臣信		成省清静席積折節説浅戦選	然争倉巣束側続卒孫	帯隊達単	置仲貯兆腸		低底停的典伝	徒努灯堂働特			熱念
支志枝師資飼示似識質舎謝授修述術準序常招承証条状情織職		制性政勢精製税責績接設舌絶	祖素総造像増則測属率損	退貸態団断	築張		提程適敵	統銅導徳独		任	燃
至私姿視詞誌磁射捨尺若樹収宗就衆従縦縮熟純処署諸除将傷障城蒸針	垂推寸	盛聖誠宣専泉洗染善	奏窓創装層操蔵臓存尊	宅担探誕段暖	値宙忠著庁頂潮賃	痛	展	討党糖届	難	乳認	

学年別漢字配当表

	1年【10級】	2年【9級】	3年【8級】	4年【7級】	5年【6級】	6年【5級】
ノ			農	能		納脳
ハ	白八	馬売買麦半番	波配倍箱畑発　反坂板	敗梅博飯	破犯判版	派拝背肺俳班　晩
ヒ	百		皮悲美鼻筆氷　表秒病品	飛費必票標	比肥非備俵評　貧	否批秘
フ	文	父風分聞	負部服福物	不夫付府副粉	布婦富武復複　仏	腹奮
ヘ			平返勉	兵別辺変便	編弁	並陛閉片
ホ	木本	米歩母方北	放	包法望牧	保墓報豊防貿　暴	補暮宝訪亡忘　棒
マ		毎妹万		末満		枚幕
ミ			味	未脈民		密
ム				無	務夢	
メ	目名	明鳴	命面		迷綿	盟
モ		門	問		模	
ヤ		夜野	役薬	約		訳
ユ		友	由油有遊	勇	輸	郵優
ヨ		用曜	予羊洋葉陽様	要養浴	余預容	幼欲翌
ラ		来	落両緑			乱卵覧
リ	立力林	里理	流旅	利陸良料量輪	留領	裏律臨
ル				類		
レ			礼列練	令冷例歴連		
ロ	六		路	老労録		朗論
ワ		話	和			

学年字数　80字　累計字数　80字（1年）
学年字数　160字　累計字数　240字（2年）
学年字数　200字　累計字数　440字（3年）
学年字数　200字　累計字数　640字（4年）
学年字数　185字　累計字数　825字（5年）
学年字数　181字　累計字数　1006字（6年）

級別漢字表

（小学校学年別配当漢字を除く 1130字）

4級

カナ	漢字
ア	握 扱
イ	依 威 為 偉 違 維 緯 壱
ウ	芋 陰 隠
エ	影 鋭 奥 憶
オ	汚 押 援 煙 鉛 縁
カ	菓 暇 箇 雅 介 戒 皆 壊 勧 歓　監 環 鑑 含 較 獲 刈 甘 汗 乾
キ	奇 祈 鬼 幾 輝 儀 戯 詰　却 脚 及 丘 朽 巨 拠 距　御 凶 叫 狂 況 狭 恐 響　驚 仰
ク	駆 屈 掘 繰
ケ	恵 傾 継 迎 撃 肩 兼 剣　軒 圏 堅 稿 豪
コ	枯 香 項 鼓 互 抗 攻 更 恒
サ	鎖 彩 歳 載 剤 咲 惨
シ	旨 伺 刺 脂 紫 雌　（シ続く）

3級

カナ	漢字
ア	哀
イ	慰
エ	詠 悦 閲 炎 宴
オ	欧 殴 乙 卸 穏
カ	佳 架 華 嫁 餓 怪 悔 塊　慨 該 概 郭 隔 穫 岳 掛　滑 肝 冠 勘 貫 喚 換 敢　緩
キ	企 岐 忌 軌 既 棋 棄 騎　欺 犠 菊 吉 喫 虐 峡　脅 凝 斥 緊
ク	愚 偶 遇
ケ	刑 契 啓 掲 携 憩 鶏 鯨　倹 賢 幻　娯 悟 孔 巧
コ	孤 弧 雇 顧　甲 坑 拘 郊 控 慌 硬 絞
サ	綱 酵 克 搾 錯 恨 紺 魂 墾 暫　債 催 削
シ	祉 施 諮 侍 慈 軸　（シ続く）

準2級

カナ	漢字
ア	亜
イ	尉 逸 姻 韻
エ	畝 浦
オ	疫 謁 猿
カ	凹 翁 虞　渦 禍 垣 核 殻 嚇 潟 轄 且 憾 缶 陥 艦 患
キ	堪 棺 款 閑 寛
ク	頑　飢 宜 偽 擬 暁 菌 琴 謹 襟
ケ	吟　挟 恭 矯
コ	隅 勲 薫　繭 渓 蛍 慶 傑 嫌 献 謙
サ	呉 碁 江 肯 侯 洪 貢 溝　衡 購 拷 剛 酷 昆 懇 崎
シ	肢 嗣 賜 滋 璽 漆　（シ続く）

2級

カナ	漢字
ア	挨 曖 宛 嵐
イ	畏 萎 椅 彙 茨 咽 淫
エ	唄 鬱
オ	怨 媛 艶
カ	旺 岡 臆 俺　骸 柿 顎 葛 釜 鎌 韓 玩　苛 牙 瓦 楷 潰 諧 崖 蓋　亀 毀 畿 臼 嗅 巾 僅
キ	錦
ク	伎 亀 毀 畿 臼 嗅 巾 僅　惧 窟 熊
ケ	詣 憬 稽 隙 桁 拳 鍵 舷
コ	股 虎 錮 勾 梗 喉 乞 傲
サ	駒 頃 痕　沙 挫 采 塞 埼 柵 刹 拶　斬
シ	恣 摯 餌 鹿 叱 嫉　（シ続く）

級別漢字表

4級

- **シ（続き）**: 執 趣 需 斜 煮 釈 寂 狩 朱 瞬　旬 盾 舟 秀 召 襲 沼 柔 獣 紹　詳 丈 畳 殖 飾 触 称 侵 振　浸 寝 震 薪 尽 陣 尋　芝
- **セ**: 是 井 姓 征 跡 占 扇 鮮　吹
- **ソ**: 訴 僧 燥 贈 騒 沢 即 俗
- **タ**: 耐 端 替 弾 拓 濁 脱 丹 淡
- **チ**: 嘆 致 遅 蓄 沖 跳 徴 澄
- **テ**: 沈 恥 珍
- **ト**: 抵 堤 摘 滴 添 殿　吐 途 渡 奴 怒 到 逃 倒　唐 桃 透 盗 塔 稲 踏 闘
- **ナ**: 胴 峠 突 鈍 曇
- **ニ**: 弐
- **ノ**: 悩 濃

3級

- **シ（続き）**: 疾 湿 邪 赦 殊 寿 潤 遵　如 徐 匠 昇 掌 晶 焦 衝　嬢 錠 譲 嘱 辱 伸　辛 審
- **セ**: 炊 粋 衰 酔 遂 穂 随 髄　瀬 牲 婿 請 斥 隻 惜 籍
- **ソ**: 摂 潜 繕　阻 措 粗 礎 双 桑 掃 葬　遭 憎 促 賊
- **タ**: 息 胎 袋 奪 逮 滞 鍛 壇 彫 超　託 諾 奪 胆 抽 鋳 駐
- **チ**: 稚 畜 室 陳 鎮　聴
- **テ**: 墜 帝 訂 締 哲
- **ト**: 斗 塗 凍 陶 痘 匿 篤 豚
- **ノ**: 粘　尿

準2級

- **シ（続き）**: 遮 蛇 酌 爵 珠 儒 囚 臭 叔　愁 酬 醜 塾 俊 准 殉 渋 銃　淑 叙 渉 訟 升 抄 尚 宵 循 庶　緒 礁 浄 剰 硝 粧 殉 症　祥 唇 娠 斉 帥 償 礁 渉 訟 升 抄 尚 宵 循 庶 症 彰　辛 審（※前列）
  ※紙面どおりに示すと: 遮 酌 蛇 酬 愁 淑 緒 祥 償 唇 娠 斉 帥 旋 租 喪 妥 痴 釣 呈 泥 悼 凸 軟 寧
- **セ**: 脊 醒 凄 笺 須 裾　狙 逓 曽 爽 痩 踪 捉 遜
- **ソ**: 阻 遷 薦 繊 禅 漸 曹　租 疎 塑 壮 荘 挿
- **タ**: 妥 堕 惰 駄 泰 濯 但 棚
- **チ**: 痴 逐 秩 嫡 衷 弔 挑 眺
- **テ**: 呈 廷 邸 亭 貞 逓 偵 艇
- **ト**: 泥 迭 徹 撤　塚 漬 坪　凸 屯　悼 搭 棟 筒 謄 騰 洞
- **ナ**: 軟
- **ニ**: 尼 妊 忍
- **ノ**: 寧

2級

- **シ（続き）**: 腫 呪 袖 羞 蹴 憧 拭 尻　芯 腎
- **セ**: 須 裾　凄 醒 脊 戚 煎 羨 腺 詮　笺 膳 曽 爽 痩 踪 捉 遜　狙 遡
- **ソ**: 汰 唾 堆 戴 誰 旦 綻
- **タ**: 緻 酎 貼 嘲 拶
- **チ**: 椎 爪 鶴
- **テ**: 諦 溺 塡
- **ト**: 妬 賭 藤 瞳 栃 頓 貪 丼
- **ナ**: 那 奈 梨 謎 鍋
- **ニ**: 匂 虹
- **ノ**: 捻

級別漢字表

級	ハ	ヒ	フ	ヘ	ホ	マ	ミ	ム	メ	モ	ヤ	ユ	ヨ	ラ	リ	ル	レ	ロ	ワ
計316字 **5級まで** **1006字** **累計1322字**	杯輩拍泊迫薄爆髪抜罰般販搬範繁盤	彼疲被避尾微匹描浜敏	怖払噴幅浮普腐敷膚賦舞	柄壁	捕舗抱峰砲忙坊肪冒傍抱帽凡盆	慢漫	妙眠	矛霧娘	茂猛網黙紋		躍	雄	誉溶腰踊謡翼	与	雷頼絡欄	離粒慮療隣	涙齢麗暦劣烈恋	露郎	惑腕
計285字 **4級まで** **1322字** **累計1607字**	婆排縛伐帆伴畔藩蛮陪	卑碑泌姫漂苗	赴符封伏覆紛墳	癖	崩飽縫芳邦奉妨房某胞膨募慕簿	魔埋膜又	魅		滅免	謀墨没乏	揚揺擁抑	幽誘憂		裸濫	吏隆了猟陵糧厘		励零霊裂廉錬	炉浪廊楼漏	湾
計333字 **3級まで** **1607字** **累計1940字**	把覇廃培媒賠伯舶漠肌鉢閥煩頒伯瓶	妃披扉罷猫賓頻瓶	扶附譜侮沸雰憤	丙併塀幣弊偏遍	泡俸褒剖紡朴僕撲堀奔	麻摩磨抹	岬		銘妄盲耗	厄	愈論癒唯悠猶裕融	愉		羅	痢履柳竜硫虜涼僚	寮倫	戻累塁鈴墨		賄枠
計196字 **準2級まで** **1940字** **累計2136字**	罵剥箸氾汎阪斑	眉膝肘	阜計		哺蜂貌頬睦勃蔽餅璧蔑	蜜	味枕		冥麺		冶弥闇	喩湧沃	妖瘍藍	拉辣	璃慄侶瞭	瑠		呂賂弄籠麓	脇

中学校で学習する音訓一覧表

＊学習漢字のうち、中学校で習う読み方を学年・字音の五十音順に一覧表にした。

小学校1年

漢字	読み
音	イン
下	もと
字	あざ
耳	ジ
手	た
出	スイ
女	ニョ／め
上	のぼ(せる)／のぼ(す)
生	お(う)／き
夕	セキ
石	コク
川	セン
早	サッ
文	ふみ

小学校2年

漢字	読み
目	ボク
羽	ウ
園	その
何	カ
夏	ゲ
外	ゲ
弓	キュウ
京	ケイ
強	ゴウ／し(いる)
兄	ケイ
後	おく(れる)
公	おおやけ
交	か(う)／か(わす)
黄	こ
谷	コク
今	キン
姉	シ
室	むろ
新	にい
図	はか(る)
声	こわ
星	ショウ
切	サイ
体	テイ
茶	サ
弟	テイ
頭	かしら
内	ダイ
麦	バク

小学校3年

漢字	読み
歩	ブ
妹	マイ
万	バン
門	かど
来	きた(る)／きた(す)
化	ケ
荷	カ
客	カク
究	きわ(める)
宮	グウ
業	わざ
軽	かろ(やか)
研	と(ぐ)
幸	さち
次	シ
守	も(り)
州	す
拾	シュウ／ジュウ
集	つど(う)
重	え
助	すけ
商	あきな(う)
勝	まさ(る)
申	シン
神	かん
昔	シャク
相	ショウ
速	すみ(やか)
対	ツイ
代	しろ
丁	テイ
調	ととの(う)／ととの(える)
度	タク／たび
童	わらべ
発	ホツ
反	タン
鼻	ビ
病	や(む)
命	ミョウ
面	おも／おもて
役	エキ
有	ウ
和	やわ(らぐ)／やわ(らげる)／なご(む)／なご(やか)

小学校4年

漢字	読み
初	そ(める)
衣	ころも
街	カイ
器	うつわ
機	はた
泣	キュウ
競	きそ(う)
極	ゴク／きわ(める)／きわ(まる)／きわ(み)
結	ゆ(う)／ゆ(わえる)
健	すこ(やか)
氏	うじ
試	ため(す)
児	ニ
辞	や(める)
笑	え(む)
焼	ショウ
省	かえり(みる)
静	ジョウ
浅	セン
戦	いくさ
仲	チュウ
得	う(る)
費	つい(やす)／つい(える)
夫	フウ
望	モウ
牧	まき
民	たみ
要	い(る)

中学校で学習する音訓一覧表

小学校5年	仮 ケ	眼 まなこ	基 もと	技 わざ	境 キョウ	経 ケイ	故 ゆえ	厚 コウ	災 わざ(わい)	財 サイ	示 ジ	似 ジ	質 シチ	謝 あやま(る)	授 さず(ける)／さず(かる)	
	修 シュ	承 うけたまわ(る)	性 ショウ	精 ショウ	舌 ゼツ	銭 ぜに	素 ス	率 ソツ	損 そこ(なう)／そこ(ねる)	貸 タイ	断 た(つ)	提 さ(げる)	程 ほど	敵 かたき	犯 おか(す)	貧 ヒン
小学校6年	報 むく(いる)	暴 バク	迷 メイ		遺 ユイ	映 は(える)	我 ガ／わ	灰 カイ	革 かわ	割 カツ	干 ひ(る)	危 あや(うい)／あや(ぶむ)	机 キ	貴 たっと(い)／とうと(い)／たっと(ぶ)／とうと(ぶ)	胸 むな	
	郷 ゴウ	穴 ケツ	厳 おごそ(か)	己 キ／おのれ	紅 ク／くれない	鋼 はがね	砂 シャ	座 すわ(る)	裁 た(つ)	若 ジャク	宗 ソウ	就 つ(く)／つ(ける)	熟 うれる	除 ジ	傷 いた(む)／いた(める)	蒸 むす／むれる／むらす
	仁 ニ	推 おす	盛 セイ／さか(る)／さか(ん)	誠 まこと	専 もっぱ(ら)	染 セン	装 ショウ	操 あやつ(る)	蔵 くら	探 さぐ(る)	値 あたい	著 あらわ(す)／いちじる(しい)	討 う(つ)	乳 ち	認 ニン	
	納 ナッ／トウ	背 そむ(く)／そむ(ける)	秘 ひ(める)	並 ヘイ	閉 ヘイ／と(ざす)	片 ヘン	暮 ボ	訪 おとず(れる)	忘 ボウ	優 やさ(しい)／すぐ(れる)	欲 ほ(しい)	卵 ラン	裏 リ	臨 のぞ(む)	朗 ほが(らか)	

高等学校で学習する音訓一覧表 1

＊学習漢字のうち、高等学校で習う読み方を学年・字音の五十音順に一覧表にした。

小学校1年
漢字	読み
火	ほ
女	ニョウ
上	ショウ
青	ショウ
赤	シャク
天	あめ
白	ビャク
目	ま
立	リュウ
矢	シ
数	ス
声	ショウ
通	ツ
頭	ト
道	トウ
南	ナ
馬	ま
風	フ
聞	モン
歩	フ

小学校2年
漢字	読み
回	エ
会	エ
行	アン
悪	オ
期	ゴ

小学校3年
漢字	読み
反	ホン
坂	ハン
氷	ひ
度	ト
定	さだ(か)
着	ジャク
想	ソ
昔	セキ
神	こう
主	ス
事	ズ
仕	ジ
庫	ク
業	ゴウ
宮	ク

小学校4年
漢字	読み
各	おのおの
競	せ(る)
建	コン
験	ゲン
功	ク
栄	は(え) は(える)
和	オ
礼	ライ
緑	ロク
流	ル
遊	ユ
由	ユイ よし
面	つら
病	ヘイ
候	そうろう
殺	サイ セツ
産	うぶ
初	うい
成	ジョウ
清	ショウ
節	セチ
説	ゼイ
巣	ソウ
兆	きざ(す) きざ(し)
灯	ひ
博	バク
兵	ヒョウ
法	ハッ ホッ
祝	シュウ

小学校5年
漢字	読み
因	よ(る)
益	ヤク
桜	オウ
価	あたい
過	あやま(つ) あやま(ち)
解	ゲ
格	コウ
眼	ゲン
基	もとい
久	ク
潔	いさぎよ(い)
末	バツ
利	き(く)
老	ふ(ける)

小学校6年
漢字	読み
枝	シ
質	チ
常	とこ
情	セイ
織	ショク
政	ショウ まつりごと
接	つ(ぐ)
団	トン
統	す(べる)
富	フウ
暴	あば(く)
興	おこ(る) おこ(す)
際	きわ
酸	す(い)
奏	かな(でる)
染	し(みる) し(み)
盛	ジョウ
障	さわ(る)
従	ジュ ショウ
衆	シュ
就	ジュ
若	ニャク も(しくは)
冊	サク
厳	ゴン
権	ゴン
絹	ケン
勤	ゴン
供	ク
装	よそお(う)
操	みさお
担	かつ(ぐ) にな(う)
難	かた(い)
納	ナン
否	いな
亡	モウ
欲	ほっ(する)
律	リチ

高等学校で学習する音訓一覧表 ②

*「4級」「3級」配当漢字のうち、高等学校で習う読み方を字音の五十音順に一覧表にした。

4級

漢字	読み
依	エ
汚	オウ／けが(す)／けが(れる)／けがらわしい
押	オウ
奥	オウ
鑑	かんが(みる)
戯	たわむ(れる)
詰	キツ
脚	キャ
狭	キョウ／せ
仰	おお(せ)
肩	ケン
鼓	つづみ
更	ふ(ける)／ふ(かす)
香	キョウ
彩	いろど(る)
惨	ザン／みじ(め)
旨	むね
伺	シ
煮	シャ
寂	セキ
秀	ひい(でる)
瞬	またた(く)
沼	ショウ
井	セイ
端	は
沖	チュウ
澄	チョウ
滴	したた(る)
敷	フ
払	フツ
柄	ヘイ
傍	かたわ(ら)
凡	ハン
腰	ヨウ
謡	うたい／うた(う)
絡	から(む)／から(まる)／から(める)
麗	うるわ(しい)

3級

漢字	読み
詠	よ(む)
殴	オウ
華	ケ
嫁	カ
忌	い(む)／い(まわしい)
虐	しいた(げる)
虚	コ
脅	おびや(かす)
契	ちぎ(る)
憩	いこ(う)
控	コウ
慌	コウ
絞	コウ
搾	サク
施	セ
慈	いつく(しむ)
如	ニョ
焦	あせ(る)
辱	はずかし(める)
穂	スイ
婿	セイ
請	シン／こ(う)
阻	はば(む)
礎	いしずえ
桑	ソウ
葬	ほうむ(る)
袋	タイ
壇	タン
鎮	しず(める)／しず(まる)
卑	いや(しい)／いや(しむ)／いや(しめる)
泌	ヒ
苗	ビョウ
覆	くつがえ(す)／くつがえ(る)
芳	かんば(しい)
奉	たてまつ(る)
倣	なら(う)
謀	ム／はか(る)
翻	ひるがえ(る)／ひるがえ(す)
免	まぬか(れる)
憂	う(い)
陵	みささぎ
糧	ロウ／かて
霊	たま

巻末資料

高等学校で学習する音訓一覧表 3

*「準2級」「2級」配当漢字のうち、高等学校で習う読み方を字音の五十音順に一覧表にした。

準2級

漢字	読み
疫	ヤク
渦	カ
靴	カ
稼	カ
懐	ふところ／なつ(かしい)／なつ(かしむ)／なつ(く)／なつ(ける)
渇	カツ
陥	おとしい(れる)
患	わずら(う)
堪	カン
偽	にせ
窮	きわ(める)／きわ(まる)
挟	キョウ
恭	うやうや(しい)
矯	た(める)
暁	ギョウ
襟	キン
薫	クン
繭	ケン
懸	ケ
弦	つる
貢	みつ(ぐ)
懇	ねんご(ろ)
唆	そそのか(す)
傘	サン
賜	シ
酌	く(む)
愁	うれ(える)／うれ(い)
充	あ(てる)
宵	ショウ
詔	みことのり
醸	かも(す)
津	シン
唇	シン
刃	ジン
甚	ジン
逝	ゆ(く)／い(く)
疎	うと(い)／うと(む)
霜	ソウ
釣	チョウ
泥	デイ
悼	いた(む)
棟	むな
尼	ニ
培	つちか(う)
鉢	ハツ
煩	ボン
扉	ヒ
猫	ビョウ
侮	あなど(る)
憤	いきどお(る)
褒	ホウ
紡	つむ(ぐ)
妄	ボウ
耗	コウ
唯	イ
窯	ヨウ
戻	レイ

2級

漢字	読み
淫	みだ(ら)
怨	エン
艶	エン
牙	ガ
瓦	ガ
葛	くず
詣	ケイ
隙	ゲキ
刹	サツ
餌	ジ
袖	シュウ
拭	ショク
羨	セン
遡	ソ
痩	ソウ
賭	ト
眉	ビ
冥	ミョウ
藍	ラン
籠	ロウ

常用漢字表 付表（熟字訓・当て字 一一六語）

＊小・中・高：小学校・中学校・高等学校のどの時点で学習するかの割り振りを示した。
※以下に挙げられている語を構成要素の一部とする熟語に用いてもかまわない。
例「河岸（かし）」→「魚河岸（うおがし）」／「居士（こじ）」→「一言居士（いちげんこじ）」

語	読み	小	中	高
明日	あす	●		
小豆	あずき		●	
海女	あま			●
海士	あま			●
硫黄	いおう		●	
意気地	いくじ		●	
田舎	いなか		●	
息吹	いぶき			●
海原	うなばら		●	
乳母	うば			●
浮気	うわき		●	
浮つく	うわつく			●
笑顔	えがお	●		
叔父	おじ		●	
伯父	おじ		●	
大人	おとな	●		
乙女	おとめ			●
叔母	おば		●	
伯母	おば		●	
お巡りさん	おまわりさん		●	
お神酒	おみき			●
母屋	おもや			●
母家	おもや			●
母さん	かあさん	●		
神楽	かぐら			●
河岸	かし		●	
鍛冶	かじ		●	
風邪	かぜ		●	
固唾	かたず			●
仮名	かな		●	
蚊帳	かや			●
為替	かわせ		●	
河原	かわら	●		
川原	かわら	●		
昨日	きのう	●		
今日	きょう	●		

巻末資料

常用漢字表　付表

語	読み	小	中	高
果物	くだもの	●		
玄人	くろうと			●
今朝	けさ		●	
景色	けしき	●		
心地	ここち		●	
居士	こじ			●
今年	ことし	●		
早乙女	さおとめ			●
雑魚	ざこ			●
桟敷	さじき			●
差し支える	さしつかえる		●	
五月	さつき		●	
早苗	さなえ		●	
五月雨	さみだれ		●	
時雨	しぐれ			●
尻尾	しっぽ		●	
竹刀	しない		●	
老舗	しにせ			●
芝生	しばふ		●	
清水	しみず	●		
三味線	しゃみせん		●	
砂利	じゃり		●	
数珠	じゅず			●
上手	じょうず	●		
白髪	しらが		●	
素人	しろうと			●
師走	しわす（しはす）			●
数寄屋	すきや			●
相撲	すもう		●	
草履	ぞうり		●	
山車	だし			●
太刀	たち		●	
立ち退く	たちのく			●
七夕	たなばた	●		
足袋	たび		●	
稚児	ちご			●
一日	ついたち	●		
築山	つきやま			●
梅雨	つゆ		●	
凸凹	でこぼこ		●	
手伝う	てつだう	●		

常用漢字表　付表

語	読み
伝馬船	てんません
投網	とあみ
父さん	とうさん
十重二十重	とえはたえ
読経	どきょう
時計	とけい
友達	ともだち
仲人	なこうど
名残	なごり
雪崩	なだれ
兄さん	にいさん
姉さん	ねえさん
野良	のら
祝詞	のりと
博士	はかせ
二十	はたち
二十歳	はつか
二十日	はつか
波止場	はとば
一人	ひとり
日和	ひより
二人	ふたり
二日	ふつか
吹雪	ふぶき
下手	へた
部屋	へや
迷子	まいご
真面目	まじめ
真っ赤	まっか
真っ青	まっさお
土産	みやげ
息子	むすこ
眼鏡	めがね
猛者	もさ
紅葉	もみじ
木綿	もめん
最寄り	もより
八百長	やおちょう
八百屋	やおや
大和	やまと
弥生	やよい
浴衣	ゆかた
行方	ゆくえ
寄席	よせ
若人	わこうど

二とおりの読み

→のようにも読める。

「常用漢字表」（平成22年）本表備考欄による

漢字	読み	→別の読み
遺言	ユイゴン	イゴン
奥義	オウギ	おくぎ
堪能	カンノウ	タンノウ
吉日	キチジツ	キツジツ
兄弟	キョウダイ	ケイテイ
甲板	カンパン	コウハン
合点	ガッテン	ガテン
昆布	コンブ	コブ
紺屋	コンや	コウや
詩歌	シカ	シイカ
七日	なのか	なぬか
老若	ロウニャク	ロウジャク
寂然	セキゼン	ジャクネン
法主	ホッス	ホウシュ／ホッシュ
十	ジッ	ジュッ
情緒	ジョウチョ	ジョウショ
憧憬	ショウケイ	ドウケイ
人数	ニンズ	ニンズウ
寄贈	キソウ	キゾウ
側	がわ	かわ
唾	つば	つばき
愛着	アイジャク	アイチャク
執着	シュウジャク	シュウチャク
貼付	チョウフ	テンプ
難しい	むずかしい	むつかしい
分泌	ブンピツ	ブンピ
富貴	フウキ	フッキ
文字	モンジ	モジ
大望	タイモウ	タイボウ
頰	ほお	ほほ
末子	バッシ	マッシ
末弟	バッテイ	マッテイ
免れる	まぬかれる	まぬがれる
妄言	ボウゲン	モウゲン
面目	メンボク	メンモク
問屋	とんや	といや
礼拝	ライハイ	レイハイ

注意すべき読み

「常用漢字表」（平成22年）本表備考欄による

三位一体	サンミイッタイ	
従三位	ジュサンミ	
一羽	イチわ	
三羽	サンば	
六羽	ロッぱ	
春雨	はるさめ	
小雨	こさめ	
霧雨	きりさめ	
因縁	インネン	
親王	シンノウ	
勤王	キンノウ	
反応	ハンノウ	
順応	ジュンノウ	
観音	カンノン	
安穏	アンノン	
天皇	テンノウ	
身上	シンショウ／シンジョウ（読み方により意味が違う）	
一把	イチワ	
三把	サンバ	
十把	ジッ（ジュッ）パ	

巻末資料

207

制作協力—株式会社 アスク
　　　　　SATO DESIGN
　　　　　有限会社 アートボックス
　　　　　株式会社 日本レキシコ
　　　　　株式会社 ブランディット
　　　　　株式会社 渋谷文泉閣
　　　　　株式会社 イシワタグラフィックス

漢検 2級 分野別問題集 改訂二版

2019年3月30日 第1版第9刷 発行
編　者　公益財団法人日本漢字能力検定協会
発行者　髙坂　節三
印刷所　株式会社 太洋社
製本所　株式会社 渋谷文泉閣

発行所　公益財団法人日本漢字能力検定協会
〒605-0074　京都市東山区祇園町南側551番地
☎075(757)8600
ホームページ　https://www.kanken.or.jp/
Ⓒ The Japan Kanji Aptitude Testing Foundation 2012
Printed in Japan
ISBN978-4-89096-226-6 C0081

乱丁・落丁本はお取り替えいたします。
「漢検」、「漢検」ロゴ、「漢検分野別問題集」は
登録商標です。

本書の内容の一部あるいは全部を無断で複写複製（コピー）
することは著作権法上での例外を除き、禁じられています。

漢検 分野別問題集 改訂二版

別冊 標準解答

2級

「標準解答」は別冊になっています。本体から取り外してお使い下さい。

漢検

【2級配当漢字の許容字体について】

「日本漢字能力検定採点基準」にて2〜10級の解答は、内閣告示「常用漢字表」による。ただし、旧字体での解答は正答と認めない。としています。書き取り形式の問題は、「常用漢字表」に示された字体（本書の漢字表に記載した字体）で書いてください。ただし、例外として、次の25字は、〔 〕内の字体も正答と認めます。

淫〔淫〕　箋〔箋〕
牙〔牙〕　遡〔遡〕
葛〔葛〕　遜〔遜〕　蔽〔蔽〕
嗅〔嗅〕　嘲〔嘲〕　頰〔頬〕
僅〔僅〕　捗〔捗〕　喩〔喩〕
惧〔惧〕　溺〔溺〕
稽〔稽〕　塡〔填〕
餌〔餌〕　賭〔賭〕
煎〔煎〕　謎〔謎〕
詮〔詮〕　剝〔剥〕

● 巻頭カラーページ「漢検」受検の際の注意もご確認ください。
※すべて2級の新出配当漢字です。

漢字の読み　音読み
▼本誌 P.10〜23

ウォーミングアップ　P.10・11

1 P.10
1 把・覇（順不同）
2 窃・拙・刹（順不同）
3 筒・騰・謄・藤（順不同）
4 罷・妃・扉（順不同）

2
1 シン　津・紳・唇（順不同）
2 ハン　氾・汎・阪（順不同）
3 チュウ　柄・抽・鋳（順不同）
4 ヘイ　塀・蔽（順不同）
5 カ　靴・寡・苛（順不同）

3 P.11
1 じょさい
2 にじつ
3 れいじょう
4 おんりょう
5 けんぎ
6 きげん
7 ほうけん
8 みっぷう
9 ゆいいつ
10 いだく
11 ばっそく
12 ばち
13 どくが
14 ぞうげ
15 じゃばら
16 だこう
17 じっし
18 せじょう

練習1　P.12〜17

1 P.12・13
1 きょうけん
2 せっちゅう
3 こうてつ
4 あいとう
5 あいさつ
6 はんぷ
7 しさ・じさ
8 どうさつ
9 るいせき
10 ちつじょ
11 ひっす
12 すうよう
13 せいか
14 ぎふ
15 けいこ
16 しほうせん
17 しっぺい
18 じょうるり
19 あいびょう
20 めんるい
21 めいふく
22 しいてき
23 けいりゅう
24 ふゆう
25 ちょうか
26 しゃっかん
27 だんがい
28 ゆうかい
29 かんにん
30 えっけん
31 きんこう
32 くちく
33 もうしん・ぼうしん
34 じんそく
35 ゆちゃく
36 けんちょ
37 じみ
38 ちかけい
39 けんきょ
40 かいそう
41 こんちゅう
42 はっしょう
43 きよぎ
44 ちょうもん
45 きょうらく
46 いつだつ
47 かいしょ

練習2 P.18〜23

2 P.14・15

1 しょうがい
2 かじょう
3 さんばし
4 おうせい
5 かつあい
6 せんりつ
7 がんぜ
8 けんえん
9 かんてい
10 こうぼく
11 しっと
12 かくせい
13 ぶんぴつ・ぶんぴ
14 じょうと
15 しゅうわい
16 ふせつ
17 そち
18 すんか
19 はいぜん
20 きさい
21 はんよう
22 きょうじん
23 ひじゅん
24 さんろく
25 きつもん
26 じょくん
27 きんき
28 おうとう
29 ばいしゃく
30 られつ
31 へいしゃ
32 きんせん
33 ほうしょう
34 はんてん
35 ていげん
36 ぎんみ
37 ふんきゅう
38 ひごう
39 まさつ
40 ぜんじ
41 げだつ
42 じゅんしゅく
43 とくれい
44 しゃふつ
45 ひざ
46 きょうきん
47 とうろう

3 P.16・17

1 さた
2 しゅうちしん
3 しん
4 いったん
5 ふしょう
6 こくひょう
7 しんらつ
8 はんりょ
9 こうでい
10 とんざ
11 ひんぱん
12 さいしょう
13 けいこう
14 そしょう
15 しゅこう
16 ししゅく
17 そぼく
18 すうこう
19 ばいしょう
20 ほにゅうるい
21 しゅうか
22 はしゃ
23 ろうおう
24 じぎ
25 えんこん
26 しがい
27 ごばん
28 せつな
29 せきじつ
30 ぼくじゅう
31 ならく
32 そうてん
33 ちみつ
34 しょくじょう
35 しょうせん
36 めいりょう
37 しょくほん
38 じゅんしょく
39 ぞうお
40 びぼう
41 はんらん
42 たづな
43 うげん
44 だっかん
45 せいさん
46 かんじん
47 しんせき

1 P.18・19

1 あいまい
2 ごい
3 せんりつ
4 てっしょう
5 あっさく
6 ぼくめつ
7 いかく
8 ひんしゃく・ひんかく
9 くんぷう
10 おんしゃ
11 ごうふく
12 おくびょう
13 もんぴ
14 そうかん
15 しんおう
16 かっぱ
17 かんきゃく
18 しし
19 まっしょう
20 だしん
21 ちょうもん
22 はんしん
23 てんさく
24 かし
25 かんぺき
26 ふろ
27 へんれい
28 せっしょう
29 きょうせい
30 らち
31 こうそく
32 いたい
33 みけん・びかん
34 ひよく
35 にそう
36 しんし
37 ちょうげき
38 ぼっぱつ
39 きゅうきん
40 しんし
41 こうしょう
42 ちょうぼう
43 おうとつ
44 みつ
45 さぎ
46 こうしゃく
47 こうだい
48 ばくぜん
49 へんきょう
50 あんねい

スキルアップ 練習2・1

4「徹宵」は、夜通し、一晩中、徹夜のこと。

9「賓客」は、大切な客のこと。

10「恩赦」は、裁判で決まった刑罰を特別な恩典によって軽くすること。

15「深奥」は、奥深くて、容易に計り知れないこと。

16「喝破」は、大声で叱りつけること。また、他人の誤りを正し、真理を明らかにすること。

18「嗣子」は、家のあとを継ぐ子、あと継ぎのこと。

24「下賜」は、身分の高い人が下の人に何かを与えること。

35「間隙」は、物と物のあいだ。空間的なものにも時間的なものにも使う。

36「真摯」は、真面目で熱心なこと。類義語は「真剣」。

39「冶金」は、鉱石から金属を取り出し、精製する技術。「冶」を「治」と誤って覚えないように注意。

43「凹凸」は、「でこぼこ」と読まないで。でこぼこは「凸凹」。

練習2

2 P.20・21

1 こんいん
2 うんでい
3 いつざい
4 けんあん
5 いす
6 あんしょう
7 かちゅう
8 めんえき
9 ごうけつ
10 いんじゅん
11 ゆうしゅつ
12 きんせい
13 へい
14 みょうり
15 しんちょく
16 せんさく
17 こうりゅう
18 わいろ
19 ほうき
20 しょうちゅう
21 てっさく
22 きそん
23 いんうつ
24 しゅびょう
25 せきずい
26 せん
27 ほりょ
28 だけつ
29 しょうれい
30 しょうちょく
31 すいま
32 しさく
33 かこう
34 ふたく
35 こくじ
36 とうかつ
37 きゅうとう
38 ねんぼう
39 かこん
40 しっこく
41 しもん
42 ぐち
43 さいえん
44 あんたい
45 かくりょう
46 ちょっかつ
47 ひめん
48 まもう
49 いかん
50 さいかい

スキルアップ 練習2-2

2「雲泥」は、雲と泥。転じて大変な隔たりのこと。
9「豪傑」は、武勇に優れ、力も強く、肝も据わっている人。
14「○○冥利に尽きる」は、その立場にいる者として最高の幸せを表す慣用句。
16「詮索」とは、細かい点まで調べること。
30「詔勅」は、天皇が公に発する文書の総称。
34「付託」は、頼んで任せること。特に議会で議案の審査を他の機関に委ねること。
35「諮問」は、一定の機関に対して法令上定められた事項についての意見を尋ね求めること。
41「璽」は、印章のこと。
43「才媛」は、高い教養・才能のある女性。
50「斎戒」は、神仏に祈ったり、神聖な仕事に従ったりする場合に、飲食や行動を慎み、心身を清浄にすること。

3 P.22・23

1 かぶき
2 かっとう
3 きんこ
4 しっそう
5 ねんざ
6 いんゆ
7 そうくつ
8 ふそん
9 かっさい
10 いんぺい
11 しゃくりょう
12 びょうそう
13 りこう
14 ふしん
15 はあく
16 ほんぽう
17 なんじゅう
18 いんこう
19 そうしつ
20 ほうよう
21 きんてい
22 せんい
23 ゆうよ
24 おうだ
25 ちゅうかく
26 はいかい
27 あいがん
28 きぐ
29 しゅんけつ
30 こうけん
31 ぼんよう
32 そぞう
33 ちゅうとん
34 きょうげき
35 だみん
36 ふうたい
37 しゅうだん
38 きゅうたい
39 かいじゅう
40 ぞうきん
41 ふほう
42 けいじ
43 せったく
44 そうぜん
45 ごうこく
46 かんこく
47 しんぼく
48 ついかんばん
49 るいせん
50 （欠番）

スキルアップ 練習2-3

7「巣窟」は、悪党のすみかや、隠れ家のこと。
9「不遜」は、思い上がっていること。対義語は「謙遜」。
13「履行」は、約束や契約などを実際に行うこと。
14「普請」は、土木や建築の工事のこと。「ふせい」と読まないように注意。
21「謹呈」は、つつしんで差し上げること。
31「凡庸」は、すぐれた点がなく平凡なこと。
37「風袋」は、はかりで物の重さを量る時に、それを入れている包装・容器・箱など。
39「糾弾」は、罪状を問いただして非難すること。
46「傲然」は、おごり高ぶって尊大に振る舞うさま。

漢字の読み 訓読み

▶本誌 P.24〜33

ウォーミングアップ P.24・25

1. お
2. ふ
3. え
4. がら
5. ごご
6. こお
7. いね
8. ぬぐ
9. ふだ
10. にお
11. くさ
12. おおい
13. くつがえ
14. おお
15. ひそ
16. もぐ
17. こ
18. とりかご
19. さわ
20. ふせ
21. きそ
22. なま
23. おこた
24. せ
25. いつわ
26. にせ
27. いや
28. きら
29. きたな
30. けが
31. うい
32. たの
33. たよ
34. ぞ
35. く
36. くや

練習1 P.26・27

1. つちか
2. ひがた
3. つか
4. くしざ
5. くずみ
6. こ
7. さいたま
8. しりもち
9. つる
10. あかつき
11. はさき
12. かわ
13. おそれ
14. つ
15. いた
16. ほっ
17. みが
18. くちびる
19. うぶぎ
20. たてつぼ
21. さえぎ
22. すす
23. はな
24. はは
25. つむ
26. すた
27. とむら
28. むなぎ・むねぎ
29. いど
30. つぐな
31. しもばしら
32. か
33. いな
34. さ
35. よ
36. ととの
37. どろなわ
38. あ
39. さ
40. かたよ
41. まなこ
42. あまでら
43. ほらあな（どうけつ）
44. あなど
45. から
46. まゆだま
47. はぐく

練習2 P.28・29

1. むね
2. しず
3. いこ
4. き
5. うね
6. いや
7. みさお
8. いや
9. かな
10. あわ
11. ほりばた
12. つくろ
13. もっぱ
14. ねんご
15. しの
16. たてまつ
17. ひじ
18. なべ
19. ふじ
20. だれ
21. か
22. ひごろ
23. すきま
24. かき
25. うた
26. あ
27. か
28. みつ
29. よそお
30. のど
31. した
32. あせ
33. こば
34. かんば
35. とちぎ
36. たわむ
37. なわ
38. かて
39. なし
40. はなお
41. ほお・ほほ
42. きざ
43. ひるがえ
44. す
45. おびや
46. こわき
47. とびら
48. つつし
49. あば
50. も

スキルアップ

練習2 ①

5 「畝」は、畑の土を盛って作物を植えるところ。

7 「懇ろ」は、心がこもっているさま、親切で丁寧なことをいう。

15 「操」は、自分の意志を固く守り通すこと。

16 「奉る」は、神や身分の高い人に差し上げること。音節数が多いので、送りがなにも注意。

21 「鹿」の読みは「か・しか」とも訓読み。「鹿の子」は、シカの子どもの意味。シカの子の背中の白い斑紋に似た絞り染めを「鹿の子絞り」という。

39 「糧」は、食糧という意味のほかに活動の本源となるもの、という意味がある。

47 文意に注意。「脅かす」を「あぶなくさせる」という意味の「脅かす」と読まないこと。

練習2

② P.30・31

1 しぼ
2 せとぎわ
3 たなあ
4 た
5 うと
6 たまわ
7 そこ
8 ひか
9 うたい
10 かた
11 ほま
12 はし
13 しか
14 おのおの
15 よ
16 おおわく
17 にお
18 つら
19 やわ
20 うるわ
21 うるし
22 たっと・とうと
23 よし
24 かせ
25 なら
26 いろど
27 く
28 すぎ
29 す
30 かま
31 ふところ
32 まぬか・まぬが
33 そうろう
34 ひ
35 ほ
36 そうろう
37 ふ
38 た
39 かお
40 こ
41 さだ
42 まくらもと
43 ぎゅうどん
44 つばみ
45 も
46 ふさ
47 けたちが
48 かま
49 つや
50 おれ

スキルアップ 練習2 ②

3 「棚上げ」は、問題を一時保留して、解決や処理を先に延ばすこと。

9 「謡」は、能楽の歌詞、およびそれに曲節をつけたもの。

18 「泣きっ面に蜂」は、悪いことや不幸なことが重なることのたとえ。

19 「和」の訓読みは「和らげる」のほか「和らぐ」「和む」「和やか」がある。

25 「倣う」は、あることを見本にして、それに従うこと。まねる意味。

35 「矯める」には、矯正するという意味と、じっと狙いをつけるという意味がある。

38 「請」には「うーける」と「請う」意味と、頼むこと。「請」には「うーける」という訓もある。

44 「爪弾く」は、弦楽器を指先で弾いて鳴らすこと。

③ P.32・33

1 みさき
2 あらし
3 おかやま
4 み
5 つ
6 から
7 あわ
8 こ
9 ゆ・い
10 どんぶりめし
11 にじ
12 くらやみ
13 から
14 い
15 ますみ
16 ふもと
17 えり
18 さ
19 い
20 よい
21 かも
22 そそのか
23 また
24 わずら
25 うやうや
26 ねこぜ
27 いばら
28 ひぶた
29 つつ
30 くま
31 こま
32 ゆだ
33 ねた
34 た
35 なぞ
36 ひとがき
37 すそ
38 ひとがき
39 そ
40 かんが
41 まぎ
42 おちい
43 おこ
44 くだ
45 とりはだ
46 ほうむ
47 ひむろ
48 も
49 うらかぜ
50 にな

スキルアップ 練習2 ③

1 「岬」は、海や湖などに細長く突き出た陸地のこと。「崎」と同じ意味。

19 「忌まわしい」は、いやなこと、不吉なこと。

22 「唆す」は、相手がある行動(特によくない行動)をするようにすすめたりおだてたりすること。

28 「火蓋」は、火縄銃の火皿を覆う蓋のこと。「火蓋を切る」で、火蓋を開いて点火の準備をすることを表し、戦いや競争の開始の比喩に使われる。「火蓋を切って落とす」という表現は誤り。

38 「人垣」は、多くの人が垣のように立ち並ぶこと。

40 「鑑みる」は、先例や手本などに照らして考えること。

46 「葬る」は、存在を隠してこっそり始末するの意。

47 「氷室」とは、天然の氷を夏まで蓄えておくための部屋や穴のこと。

漢字の読み 特別な読み
▼本誌 P.34〜37

ウォーミングアップ P.34

1
1 かぐら
2 こうごう
3 かんぬし
4 みき
5 おもや
6 おば
7 うば

2
1 のら
2 りょうえん
3 なだれ
4 やまくず
5 のりと
6 しゅくじ
（しゅくし・しゅうじ）
7 なこうど
8 ちゅうかい
9 すもう
10 しょうばん
8 なっとう
9 あずき
10 だいず

練習1 P.35

1
1 つゆ
2 あんか
3 ろうにゃく・ろうじゃく
4 ひより
5 さじき
6 まぶか
7 すきや
8 さいご
9 るす
10 よせ
11 だんじき
12 におう
13 こんだて
14 つきやま
15 ゆさん
16 うわき
17 たび
18 はんれい
19 やおちょう
20 ゆくえ
21 じょうじゅ
22 ゆくえ
23 げんち
24 せき

練習2 P.36・37

1
1 むほん
2 ゆいしょ
3 どきょう
4 さじき
5 こくう
6 あんぎゃ
7 ゆかた
8 せっしょう
9 ぼんのう
10 はっと
11 じゅず
12 いぶき
13 ざこ
14 ごんぎょう
15 しわす（しはす）
16 こんりゅう
17 もさ
18 ろくしょう
19 しょうよう
20 そうさい
21 ほてし
22 くり
23 ぞうり
24 やよい
25 だし
26 あま
27 えこう
28 てんません
29 いはつ
30 りちぎ
31 るろう
32 いおう
33 うおがし
34 やくびょうがみ
35 そうごん
36 くどく
37 きゃたつ
38 ちご
39 けねん
40 れいげん（れいけん）
41 ほて
42 かや
43 くろうと
44 しっぽ
45 しろうと
46 とあみ
47 かじ
48 でこぼこ
49 かたず
50 くおん

スキルアップ
練習2 1

1「謀反」は、国家や君主に背いて兵をおこすこと。「むほん」と読むことに注意。

4「桟敷」は、他より一段と高く設けた見物席のこと。

9「法度」は、禁じられていること。また、おきてのこともさす。

17「猛者」は、勇敢で気力あふれる強い人、技に優れて盛んに活躍する人をいう。「もうじゃ」と読まないこと。

18「緑青」は、銅の器物の表面にできる緑色のさびのこと。

19「相殺」は、差し引きして損がないようにすること。

20「従容」は、ゆったりとして落ち着いたさまをいう。

22「庫裏」は、寺の台所、または住職とその家族の住む部屋のこと。

27「回向」は、布施などを行って、死者の冥福を祈ること。

49「固唾」は、緊張した時に口の中にたまるつばのこと。

50「久遠」は、永遠、永久。また、遠くて久しいこと。

漢字の読み／同字の音訓 ▼本誌 P.38〜51

ウォーミングアップ P.38・39

1 ①
1. えい
2. は
3. せん
4. し
5. れい
6. すず
7. かん
8. わずら
9. とう
10. す
11. がい
12. ふた
13. たん
14. かつ
15. しゅう
16. うれ
17. なん
18. やわ
19. せつ
20. つたな
21. さい
22. いろ
23. あやま
24. いき
25. しょう
26. さわ
27. じゃ
28. も
29. か
30. あやま
31. りゅう
32. やな
33. そう
34. さが
35. せい
36. い

練習1 P.40〜45

1 ① P.40・41
1. そし
2. はば
3. けいやく
4. ちぎ
5. かんきゅう
6. ゆる
7. ぼうちょう
8. かたわ
9. じんだい
10. はなは
11. じょうぞう
12. かも
13. じひ
14. いつく
15. きせい
16. すで
17. せいきょ
18. ゆ・い
19. じゅうめん
20. しぶ
21. しこう
22. うかが
23. かっこんとう
24. くずゆ
25. きんさ
26. わず
27. けんばん
28. こうじ
29. えじき
30. け
31. いっしゅう
32. そぎ
33. ねら
34. おお
35. ぎょうてん
36. けっぺき
37. いさぎよ
38. そつう
39. うと
40. と
41. りょうしゅう
42. はんそで

2 ② P.42・43
1. けんぽう
2. こぶし
3. そうしん
4. や
5. せんぼう
6. うらや
7. いけい
8. おそ
9. がくかんせつ
10. あご
11. こうはい
12. すた
13. はんじょう
14. あたい
15. がじょう
16. きば
17. ないしょ
18. お
19. かれ
20. うるわ
21. ぞうわい
22. まかな
23. しゅうりょう
24. すず
25. こうしゅ
26. しぼ
27. だいこ
28. つづみ
29. かどう
30. かせ
31. きゅうち
32. きわ
33. きょうりょう
34. せま
35. じんじょう
36. とこなつ
37. しゅうぶん
38. みにく
39. ふっとう
40. わ
41. しゅつらん
42. あいぞ

3 ③ P.44・45
1. しんとう
2. ひた
3. ちょうはつ
4. いど
5. くどう
6. こかつ
7. か
8. てんか
9. ひとつ
10. か
11. きゅうかく
12. か
13. こんせき
14. つめあと
15. じゅもん
16. のろ
17. ちょうふ・てんぷ
18. は
19. とばく
20. か
21. いしゅく
22. な
23. かっぽう
24. かわ
25. しゅぼう
26. はか
27. はいすいこう
28. みぞ
29. じゅんたく
30. うる
31. もほう
32. なら
33. せいちょう
34. す
35. ほそく
36. とら
37. じちょう
38. あざけ
39. どうこう
40. ひとみ
41. しっと
42. ねた

7

練習2 P.46〜51

1 P.46・47

1 いちぐう
2 すみ
3 きょうこう
4 あわ
5 きょぜつ
6 こば
7 かんかい
8 なつ
9 ふんさい
10 くだ
11 きちゅう
12 い
13 そじょう
14 さかのぼ
15 だき
16 まゆつば
17 ていかん
18 あきら
19 どんよく
20 むさぼ
21 はくだつ
22 は
23 ようかい
24 あや
25 きょうゆ
26 さと
27 いんこう
28 みだ
29 つうぎょう
30 あかつき
31 ぶじょく
32 あなど
33 ざんさつ
34 き
35 ひお
36 おく
37 だこう
38 へび
39 ばんそう
40 しも
41 ふんがい
42 いきどお
43 ひるがえ
44 ほんやく
45 しょうど
46 あせ
47 たんせい
48 はざかいき

スキルアップ 練習2①

11 「忌中」は、家族に死者があって、家人が慎んでいる期間。

15 「唾棄」は、本来つばを吐き捨てることで、転じて非常に軽蔑して嫌うことをいう。

17 「諦観」は、悟って超然とすること。対義語は「無欲」。

19 「貪欲」は、非常に欲が深いこと。

29 「通暁」は、夜通しという意味もあるが、すみずみまで非常に詳しくよく知っていること。

35 「秘奥」は、容易に到達できない奥深いところ。

39 「晩霜」は、晩春に降りるおそじものこと。

45 「焦土」は、建物や草木が焼けて、焼け野原になった所のこと。

48 「端境期」とは、古米に替わり新米が出回る直前の時期のことだが、比喩的に新旧交替の空白期もいう。

2 P.48・49

1 しゅうぜん
2 つくろ
3 ちょうかい
4 こ
5 たんとう
6 にな
7 きが
8 う
9 けんし
10 まゆ
11 せいやく
12 ちか
13 がかい
14 かわらやね
15 むざん
16 みじ
17 さんか
18 かさ
19 しょうしょ
20 みことのり
21 しゅしょう
22 ことさら
23 くじゅう
24 しるこ
25 だんがい
26 がけ
27 だっきゅう
28 いしうす
29 さんけい
30 もう
31 もうこ
32 とら
33 しゅよう
34 は
35 せんちゃ
36 い
37 そうかい
38 さわ
39 しもん
40 はか
41 ふってい
42 しばら
43 ちょうぼう
44 なが
45 はんざつ
46 わずら
47 ぞくしゅう
48 くさ

スキルアップ 練習2②

9 「繭糸」は、繭と糸、または繭からとった糸のこと。つまり絹の原料をさす。

17 「傘下」は、中心的な人物・勢力の支配や指導を受ける立場にあること。

20 「詔」は、天皇の言われたこと。または、それを書いた文書のこと。

29 社寺にお参りする意味の「参詣」の「詣」は、訓読みは「詣でる」。混同して「参詣」を「さんもう」と読まないように。

40 「はかる」と読む意味の漢字には、「計る・測る・量る・図る・謀る・諮る」などがある。「諮る」は、皆に相談するの意で用いる。

41 「払底」は、ものがなくなり、補充がきかない状態にあること、欠乏することをいう。

練習2 P.50・51

3
1 かいよう
2 つぶ
3 きれつ
4 かめ
5 きんしゅう
6 にしきえ
7 こんかんせつ
8 おおまた
9 おとしい
10 しか
11 しょうけい・どうけい
12 あこが
13 けっかん
14 きそ
15 いしずえ
16 ひか
17 こうそ
18 ひかん
19 ゆうしょく
20 う
21 しゅうばつ
22 ひい
23 ひげ
24 いや
25 しゃだん
26 さえぎ
27 びょうとう
28 むねあ
29 ぼうぎゃく
30 しいた
31 こんだん
32 ねんご
33 ようぎょう
34 かまもと
35 くつじょく
36 はずかし
37 じゅうじつ
38 あ
39 はたん
40 ほころ
41 できあい
42 おぼ
43 ばせい
44 ののし
45 さげす
46 けいべつ
47 ほんろう
48 もてあそ

スキルアップ 練習2-3

5「錦秋」は、紅葉が錦の織物のように美しい秋のこと。

14「陥る」と「陥れる」は文脈と送りがなで区別しよう。

16「礎」は、建物の下に据え置く土台の石。物事の基礎となる大事なものという意味もある。

17「控」の「空」から「くうそ」と読まないように注意。

28「棟上げ」は、家を建てる時、骨組みができて、棟木を上げること。「棟上げ式」はその儀式。

39「破綻」は、物事が成り立たなくなること。「はじょう」と読まないように。

41「溺愛」は、むやみにかわいがること。

漢字の部首 ▼本誌 P.58〜67

ウォーミングアップ P.58・59

1
1 土
2 夕
3 一
4 止
5 目
6 攵
7 田
8 ヒ
9 欠
10 斗
11 十
12 貝
13 鳥
14 力
15 氵
16 リ
17 貝
18 イ
19 見
20 扌

2 P.59
1 ウ
2 ウ
3 イ
4 エ
5 ア
6 ア
7 ア
8 ア
9 ウ
10 イ
11 エ
12 イ
13 ア
14 ア
15 ア
16 ア
17 ウ
18 イ
19 エ
20 ア
21 エ
22 イ

練習1 P.60〜63

1 P.60・61
1 女
2 麦
3 心
4 し
5 尸
6 香
7 羊
8 走
9 阝
10 口
11 艹
12 雨
13 口
14 麻
15 十
16 大
17 艹
18 戸
19 臣
20 四
21 手
22 阝
23 犬
24 廴
25 門
26 缶
27 血
28 言
29 辰
30 見
31 衣
32 山
33 邑
34 皿
35 鳥
36 欠
37 口
38 戈
39 馬
40 口
41 子
42 攵
43 虫
44 羽
45 又
46 亠
47 羽
48 彡
49 日
50 イ
51 心
52 寸
53 玉
54 扌
55 弓
56 土
57 虫
58 彳
59 行
60 一
61 口
62 イ
63 甘
64 貝
65 魚
66 玄
67 鳥
68 羽
69 鹵
70 艹

2 P.62・63

1 扌　2 木　3 糸　4 王　5 土　6 田　7 四　8 丶　9 宀　10 犭　11 阝　12 心　13 廾　14 言　15 弓　16 曰　17 手　18 彡　19 瓦　20 大　21 氺　22 刀　23 疒　24 鉱

25 廾　26 衣　27 禾　28 虍　29 小　30 辶　31 衣　32 宀　33 頁　34 巾　35 廾　36 彡　37 口　38 广　39 歹　40 穴　41 頁　42 阝　43 日　44 車　45 虍　46 儿　47 足　49 土　50 田　51 入　52 鬼　53 木　54 阝　55 犭　56 冫　57 心　58 尸　59 石　60 耒　61 角　62 食　63 皿　64 几　65 一　66 酉　67 戸　68 儿　69 頁

練習2 P.64〜67

1 P.64・65

1 子　こ
2 豸　むじなへん
3 广　まだれ
4 金　かね
5 竜　りゅう
6 女　おんな
7 斤　きん
8 心　こころ
9 口　くち
10 日　ひ
11 弓　ゆみ
12 勹　つつみがまえ
13 革　かわへん
14 虍　とらがしら・とらかんむり
15 斉　せい
16 文　ぶん
17 木　き
18 又　また
19 口　くち
20 日　ひ
21 女　おんな
22 力　ちから
23 辛　からい
24 巛　かわ・れんが・れっか
25 大　だい
26 爪　つめ
27 辛　からい
28 虫　むし
29 山　やま
30 二　に
31 田　た

2 P.66・67

33 冫　にすい・ふしづくり
34 甘　あまい
35 卜　うらない
36 尸　しかばね
37 立　たつ
38 骨　ほね・ほねへん
39 山　やま
40 弓　ゆみ
41 門　もんがまえ
42 辶　しんにょう・しんにゅう
43 广　まだれ
44 頁　おおがい
45 心　こころ
46 巾　はば
47 止　とめる
48 羊　ひつじ
49 入　いる
50 貝　かい
51 山　やま
52 十　じゅう・にじゅうあし
53 虫　むし
54 口　くち
55 艹　くさかんむり
56 リ　りっとう
57 日　ひ
58 頁　おおがい
59 山　やま
60 乙　おつ
61 米　こめへん
62 彡　さんづくり
63 忄　りっしんべん
64 山　やま
65 忄　りっしんべん・とかんむり
66 戸　とだれ
67 一　いち
68 心　こころ

スキルアップ

練習2 ①

2「豸（むじなへん）」に属するものは常用漢字表内では「貌」のみ。

16「王（おうへん・たまへん）」以外に、「亙」「井」などもその部首となる。

23「辛」は漢字自体がその部首となる。

28「爪」は漢字自体がその部首となる。

31「亜」以外に、「互」「井」などは部首と字形が少し異なるが、「二」は意味ではなく、形の上から部首に立てられている。

②

49 部首は「羊」だが、漢字では「美」と、部首と字形が少し異なるので注意。

56 常用漢字では「弁」が「廾（こまぬき・にじゅうあし）」を部首とする。

68「慮」の部首は、「虍（とらがしら・とらかんむり）」ではないので注意。気持ちに関係のある字なので、「心（こころ）」を部首とする。

71「井」は「二（に）」だが「丼」は「、（てん）」が部首となる。

69 宀　うかんむり
70 宀
71 、　てん
音　おと

練習2 P.66・67

1 魚 うおへん
2 色 いろ
3 耒 すきへん・らいすき
4 王 おう
5 釆 のごめへん・たまへん
6 欠 あくび・かける
7 攴 ぼくにょう
8 戈 ほこづくり・ほこがまえ
9 欠 あくび・かける
10 殳 ほこづくり・ほこがまえ
11 攵 のぶん・ぼくづくり
12 夂 ちいがしら
13 糸 いと
14 夭 えんにょう
15 口 くち
16 土 つち
17 言 げん
18 矢 やへん
19 頁 おおがい
20 自 みずから
21 虫 むしへん
22 巾 はば
23 戸 とかんむり
24 瓦 かわら
25 刂 りっとう
26 門 もんがまえ・かどがまえ
27 山 やま
28 四 あみがしら・あみめ・よこめ
29 一 いち
30 斗 と
31 彡 かみがしら

32 一 いち
33 耳 みみへん
34 臼 うす
35 目 めへん
36 臼 うす
37 田 た
38 牙 きば
39 石 いし
40 車 くるまへん
41 艹 くさかんむり
42 大 だい
43 食 しょくへん
44 口 くにがまえ
45 肉 にく
46 山 やま
47 夕 かばねへん・いちたへん・がつへん
48 凵 うけばこ
49 行 ぎょうがまえ・ゆきがまえ
50 月 つきへん
51 車 くるま
52 鼓 つづみ
53 凵 うけばこ
54 犭 けものへん
55 竹 たけかんむり
56 片 かたへん
57 隹 ふるとり
58 羊 ひつじ
59 力 ちから
60 羽 はね
61 鹿 しか
62 阝 こざとへん
63 穴 あなかんむり
64 雨 あめかんむり
65 心 こころ
66 力 ちから

67 虫 むし
68 糸 いと
69 イ ぎょうにんべん
70 面 めん
71 木 きへん

スキルアップ 練習2②

7 「隶(れいづくり)」は、つかまえる意を表す部首。

14 「中(てつ)」は、一本の草が芽を出した様子をかたどったもの。これを部首とするのは、常用漢字では「屯」のみ。

34 「臼」以外に、36の「舁」も部首「臼(うす)」に属する。

38 「牙」は、漢字自体がその部首になる。

45 「肉」に関係のある漢字なので、部首は「肉(にく)」。「肉」が変形して「月」の形になった漢字。

46 「風(かぜ)」に属する漢字は「嵐」のみ。「嵐」の部首は「山(やま)」。

47 「歹(かばねへん・いちたへん・がつへん)」には、死ぬことに関係する漢字が分類される。「殊」のもとの意味は断ち切って殺す。

51 「鼓」は漢字自体がその部首となる。

61 「广(まだれ)」ではなく、漢字そのものの「鹿(しか)」が部首。

熟語の理解 熟語の構成 ▼本誌 P.74〜83

ウォーミングアップ P.74・75

1 P.74
1 逸脱
2 韻律
3 免疫
4 婚姻
5 威厳
6 渦中
7 拝謁
8 腫瘍
9 誘拐
10 寡黙
11 叙勲
12 肝腎
13 奨励
14 醜悪
15 倫理

2
1 d
2 e
3 c
4 e
5 a
6 b
7 f
8 f
9 c
10 f
11 c
12 f

3 P.75
1 イ
2 ア
3 カ
4 ウ
5 シ
6 エ
7 ス
8 ケ
9 コ
10 ク

4
1 ウ
2 ア
3 ケ
4 シ
5 オ
6 ソ
7 ク
8 エ

練習1 (P.76・77)

1 (P.76〜78)

1	2	3	4	5	6	7	8	9	10	11	12	13	14	15	16	17	18	19	20	21	22	23	24
ウ	イ	ア	イ	エ	ア	エ	オ	エ	ウ	ア	ウ	ウ	ウ	ウ	ウ	ウ	エ	イ	ウ	ア	エ	エ	イ

25	26	27	28	29	30	31	32	33	34	35	36	37	38	39	40	41	42	43	44	45	46	47	48
ウ	ア	エ	オ	ウ	ア	ウ	ア	ウ	オ	ア	エ	ア	エ	ウ	エ	ウ	オ	イ	エ	ア	ウ	ア	ウ

49	50	51	52	53	54	55	56	57	58	59	60	61	62	63	64
オ	ウ	オ	ア	ア	カ	ア	ウ	エ	ア	イ	オ	エ	エ	イ	ア

2 (P.78)

1	2	3	4	5	6	7
エ	オ	ウ	ウ	オ	ウ	カ

8	9	10	11	12	13	14
カ	ア	オ	オ	イ	ウ	ア

15	16	17	18	19	20
ア	ウ	カ	エ	オ	ウ

練習2 (P.79〜83)

スキルアップ

問題と選択肢の熟語の構成は次のとおり。（ア〜カの意味は本誌P.78参照）

1 (P.79)

1	2	3	4	5
a	c	c	a	b

6	7	8	9	10
b	d	c	a	a

11	12	13	14	15
d	d	b	b	c

16	17	18	19	20
a	b	d	b	c

練習2-1

	1	2	3	4	5	6	7	8	9	10
	永久―ア	就職―エ	未納―オ	河畔―ウ	抑揚―イ	愚問―ア	悪賓―イ	殉職―ウ	来賓―エ	清潔―ア
a	豊富―ア	逝去―ア	殺菌―エ	銃創―ア	俊秀―ア	廃屋―ウ	濃淡―イ	映写―ア	義憤―ウ	詳細―ア
b	会員―ウ	不当―オ	奔流―ア	謙譲―ア	往来―イ	扶助―ア	親疎―イ	未完―オ	座礁―エ	先発―エ
c	握手―エ	検疫―エ	不偏―オ	自嘲―エ	集散―イ	王妃―イ	独吟―ウ	不覚―オ	頓首―エ	検閲―エ
d	合掌―エ	贈答―イ	傲慢―イ	柔軟―イ	窮地―ウ	懲悪―エ	皮膚―ア	増税―エ	延期―エ	新旧―イ

	11	12	13	14	15	16	17	18	19	20
	市立―カ	露顕―ア	不備―オ	加熱―エ	渋柿―ウ	咽頭―ウ	非常―オ	把握―カ	国営―カ	禍福―イ
a	移籍―エ	過去―ア	虜囚―ア	品質―ウ	破綻―ア	暖流―ウ	慰労―イ	明暗―イ	人造―カ	享受―ア
b	防災―エ	吉凶―イ	重罪―ウ	懇請―ウ	摩擦―イ	未熟―オ	搾乳―エ	遮蔽―ア	謹慎―ア	抹茶―ウ
c	濫伐―イ	地震―ウ	嫌悪―ア	随時―エ	保健―エ	犠牲―ア	溺愛―ウ	疾走―ウ	急病―ウ	師弟―イ
d	店舗―ア	検問―エ	随意―ウ	織毛―ア	無粋―オ	着席―エ	渉猟―エ	看病―ア	主従―イ	旋風―ウ
	逓減―イ	不朽―オ								

練習2

2 P.80

1 g
2 i
3 k
4 b

5 e
6 d
7 l
8 f

9 j
10 a
11 c
12 h

スキルアップ
2「俊」も「英」も、すぐれるという意味を持つ漢字。「俊英」で、能力や才能などがすぐれていること。
10「不惑」とは、考えに迷いがないこと。四十歳の異名としても使える。
11「天授」とは、天から授かったもの。それは天が授けるということ。

3 P.81

1 h
2 h
3 f
4 d

5 a
6 e
7 b
8 j

9 g
10 l
11 k
12 i

4 P.82

1 弔
2 狭
3 軟
4 楽

5 陽
6 彼
7 雲
8 削

9 雌
10 偽

スキルアップ
6「彼我」とは、相手と自分のこと。
9「雌雄」には、めすとおすという意味のほか、優劣や勝ち負けという意味もある。

スキルアップ
1「枢要」は、物事の大切なところ。「枢」には要という意味がある。
2「凡庸」には、ありふれた・なみの、「庸」は偏らない・ふつうなどの意味がある。
12「性急」は、せっかちなこと。

5

1 悪
2 磨・摩
3 逐
4 拭

5 併
6 妬
7 循
8 密

9 沸
10 虚

スキルアップ
3「放逐」は、追い払うこと。「逐」には、追い払う、順を追う、競うなどの意味がある。
6「嫉」「妬」はともに、ねたむ、そねむという意味を持つ字。
9「煮沸」は、水などを煮えたぎらせること。

6 P.83

1 f
2 c
3 e

4 h
5 a
6 b

7 g
8 d

スキルアップ
2「慶事」は、めでたいこと。よろこびごと。
5「貴賓」は、身分の高い客。「賓」は、客という意味。

7

1 ア
2 ア
3 ウ
4 イ
5 エ

スキルアップ
1 ア・ウ・エの「容」は、かたち、ありさまの意味で、オはたやすいの意味で用いられている。
3 ア・イの「要」は、しめくくり、あらましの意で、エ・オの「要」は、かなめの意で用いられている。

対義語・類義語 ▼本誌P.90〜99

ウォーミングアップ P.90・91

1 P.90
1 零落 2 添加 3 恭順 4 軽率 5 枯渇 6 拙劣 7 追随 8 接着 9 清澄 10 兼任

2
1 阻害 2 汎論 3 格別 4 辛酸 5 体裁 6 慶賀 7 専制 8 幽閉 9 順次 10 由緒

3 P.91
1 在 2 漆 3 脇 4 縮 5 哀 6 羅 7 豪 8 割 9 薫 10 提

4
1 愚 2 舶 3 撤 4 践 5 窮 6 割 7 輦 8 傘 9 充 10 衷

練習1 P.92〜95

1 P.92
1 ウ・エ 2 ア・エ 3 イ・ウ 4 イ・ウ 5 ア・エ 6 イ・エ 7 イ・エ 8 ア・エ 9 イ・エ 10 ア・エ 11 ウ・エ

2 P.93
1 ウ・エ 2 ア・エ 3 ウ・エ 4 ア・イ 5 イ・ウ 6 イ・エ 7 イ・ウ 8 ア・ウ 9 ア・イ 10 ア・イ 11 ウ・エ
（いずれも順不同）

3 P.94
1 ア こうきゅう イ 暫時
2 ア じゅうじつ イ 空虚
3 ア そうしつ イ 獲得
4 ア とう イ 下落
5 ア あいご イ 虐待
6 ア けんめい イ 愚昧
7 ア ぼんさい イ 逸材

4 P.95
1 ア じんりょく イ 奔走
2 ア けんじょう イ 遺骸
3 ア さくりゃく イ 陰謀
4 ア しんぼう イ 忍耐
5 ア うらうら イ 懐柔
6 ア ろうらく イ 了解
7 ア なっとく イ 豪傑
8 ア けいかい イ 荘重
9 ア ふへん イ 特殊
10 ア はんぼう イ 閑散

（いずれも順不同）

練習2 P.96〜99

1 P.96
1 丁寧 2 寛容 3 分析 4 嫌悪 5 哀悼 6 憂慮 7 核心 8 頑固 9 発祥 10 風采

2
1 召還 2 湿潤 3 卑近 4 酷評 5 頂戴 6 紛糾 7 変遷 8 策謀 9 巣窟 10 厄介

8 ア こうがい イ 粗筋・荒筋
9 ア もさ イ 豪傑
10 ア かいこ イ 罷免

スキルアップ 練習2 1

「狭量」とは、心の狭いさま。人としての度量を表すので、対義語は「寛容」となる。「総合して考える」「分析して考える」のように文にして考えるとよい。考察の手段という点で対義語関係にある。

スキルアップ 練習2 2

「派遣」の対義語なので、派遣していた者を呼び戻す意の「召還」が適切。招き呼び寄せる意の「召喚」としない。
6 「紛糾」の「紛」を「粉」にしないように注意。

練習2

3 P.97

1 懲罰
2 濃厚
3 擁護
4 拙速
5 頑健
6 倫理
7 浴槽
8 報酬
9 敢行
10 協調

スキルアップ

4 「巧遅」は、巧みではあるが遅いこと。「拙速」は、できあがりはまずいが仕事は速いこと。「巧遅より拙速を尊ぶ」という言葉がある。

10 「諧和」とは、和らいで親しみ合うこと。「諧」には、和らぐ・調和するという字義がある。

4

1 酷寒
2 飢餓
3 頒布
4 停頓
5 遺失
6 普請
7 撲滅
8 午睡
9 朝暮
10 折衝

スキルアップ

3 「頒布」は、広く配布し、ゆきわたらせること。

6 「普請」とは、家を建てたり修理したりすること。

9 「旦」には、朝・明け方の字義がある。

10 相手と話し合いをして何かを決めようとする意を表す熟語には、「交渉」「折衝」「談判」などがある。

5 P.98

1 崇拝
2 穏健
3 暗鬱
4 抽象
5 謙虚
6 関与
7 疎外
8 奮戦
9 星霜
10 虚構

スキルアップ

2 「穏健」の「穏」を「隠」にしないように注意。

5 「謙虚」の対義語は、ほかに「高慢」「尊大」「横柄」などがある。

6 「介入」「関与」ともに、関わることを表す語。

9 「星霜」は星は天を一周し、霜は年ごとにおりることから年月を表す。

6

1 明瞭
2 束縛
3 傑物
4 陳腐
5 一斉
6 堪忍
7 知己
8 親睦
9 威嚇
10 妊娠

スキルアップ

4 「新奇」は、目新しくもの珍しいこと。「陳腐」は、ありふれていて新しさがなく、つまらないこと。

6 「勘弁」は、他人の過失などを許すこと。「堪忍」は、他人の過失を怒らず我慢するに注意。「勘忍」としないよう

7 P.99

1 疎遠
2 干渉
3 自生
4 妥結
5 罵倒
6 利那
7 抄録
8 懸念
9 謀反
10 鼓舞

スキルアップ

7
5 「罵倒」の「倒」を「到」としないように注意。
7 「抄」は、抜き書きするという意味を持つ漢字。
10 「激励」も「鼓舞」も、励ますことを表す。

スキルアップ

8
3 「貫徹」の「徹」を「撤」としないように注意。
5 「中庸」とは、偏らず調和がとれていること。
7 「意趣」とは、恨む気持ち。
9 「悠久」は「永遠」に比べると、文語的な表現。構成する漢字の字義から意味を類推するのが難しい語なので、注意しよう。

7
1 売却
2 悪臭
3 貫徹
4 凶作
5 中庸
6 伯仲
7 怨恨
8 流浪
9 悠久
10 殊勲

四字熟語

▼本誌P.104〜115

ウォーミングアップ P.104・105

1 P.104
1 未
2 大
3 乱
4 無
5 適
6 雲
7 果
8 骨
9 水
10 日
11 泰
12 蓋

2 P.105
1 万
2 千
3 百
4 四
5 八
6 九
7 万
8 七
9 九
10 二
11 十
12 九
13 三
14 二
15 六
16 一
17 一
18 三
19 九

練習1 P.106〜109

1 P.106
1 詮(銓)
2 刻
3 援
4 呉
5 故

2
1 恥
2 妄
3 奔
4 転
5 岐

3 P.107
1 枯
2 猛
3 尚
4 哀
5 忍

4
1 勧
2 喝
3 緒
4 騎
5 眺

6 池
7 迅
8 鶏
9 単
10 薄

6 憂
7 瞭・了
8 付・附
9 予
10 窮

6 離
7 尽
8 髪
9 傲
10 閑

6 醒
7 攻
8 悟
9 躍
10 篤

5 P.108
1 涯
2 復
3 異
4 顕
5 塁

6
1 謀
2 縛
3 偏
4 象
5 氷

7 P.109
1 玩味
2 正銘
3 妙計
4 端麗
5 吟風

8
1 無縫
2 伯仲
3 徹底
4 披露
5 斬新

6 廉
7 崖
8 随
9 遮
10 隠

6 稽(稽)
7 粛
8 鯨
9 休
10 鬼

6 扶助
7 新陳
8 浄土
9 管弦
10 割拠

6 胆
7 傍観
8 垂範
9 奮励
10 辛苦

練習2 P.110〜115

1 P.110

1 一髪
2 棒大
3 墨客
4 深長
5 内剛
6 枝葉
7 和衷
8 神出
9 沙羅
10 夏炉

スキルアップ

3「文人墨客」は、詩文や書画などの風雅なものに携わる人のこと。
4「深長」は、意味が深く含みがあること。「慎重」「伸長」などとしないこと。
5「外柔内剛」は、外見は穏やかそうに見えるが、実際は意志が強いこと。
6「枝葉末節」は、本質からはずれたささいなこと。どうでもよい部分。
7「和衷協同」は、心を同じくしてともに力を合わせること。
10「夏炉冬扇」は、夏の火鉢と冬の扇のことで、無用なもの、役に立たないもののたとえ。

2

1 環視
2 阻喪
3 幽谷
4 依然
5 喝采
6 臨機
7 抑揚
8 綾急
9 教唆
10 春宵

スキルアップ

1「衆人環視」は、多くの人がまわりで見ていることをいう。「環視」を「監視」としないように注意。
2「意気阻喪」は、意気込みがくじけ弱り、元気を失うこと。同じような意味の表現に「意気消沈」がある。
3「深山幽谷」は、人が踏み入れていない、奥深く静かな自然のこと。
9「抑揚頓挫」は、言葉の調子を上下させること。勢いが途中でくじける意味もある。
10「春宵一刻」の略で、「春宵一刻値千金」の略で、春の夜は何よりも趣深く、その一刻は何ものにもかえがたい価値があるということ。

3 P.111

1 急転
2 朝令
3 面従
4 安寧
5 眉目
6 低頭
7 諾諾・諾々
8 青松
9 徒食
10 選択

スキルアップ

2「朝令暮改」は、命令や法令がすぐに変わって定まらないこと。「朝三暮四」と混同しないように注意。
3「面従腹背」は、表面だけ服従するふりをして、内心は反抗していること。
7「唯唯諾諾」とは、何事も迷わず他人の言いなりになるさま。
8「白砂青松」は、美しい海岸の景色のことで、白い砂と青々とした松が続く海岸線をいう。
9「無為徒食」は、何もしないで、ただぶらぶらと日を過ごすこと。

4

1 暖衣
2 同床
3 和魂
4 謹厳
5 内疎
6 楼閣
7 毀損
8 無尽
9 満帆
10 集散

スキルアップ

1「暖衣飽食」は、物質的に何の不足もない満ち足りた生活をいう。
4「謹厳実直」は、極めて慎み深く誠実で正直なこと。「謹厳」を「謹言」としないように注意。
5「内疎外親」は、外見は親しそうにしているが、内心では疎んじていること。
6「空中楼閣」は、根拠のないこと、現実性に欠けることのたとえ。
8「縦横無尽」は、自由自在に振る舞うさま。「無尽」は尽きることがない意で、「無人」としない。

5 P.112

1 妄想
2 貫徹
3 果敢
4 潔斎
5 煩悩
6 普遍
7 禍福
8 紳士
9 凄凄・凄々
10 妖怪

スキルアップ 練習2 5

4 「精進潔斎」とは、肉食や飲酒を断ち、行いを慎んで身を清めること。
5 「煩悩」の「悩」を「脳」としないように注意。
6 「普遍妥当」は、どんな場合にも真理として承認されること。「不偏」としないように注意。
7 「禍福得喪」とは、わざわいにあったり、幸いにあったり、成功して出世したり、位を失ったりすること。
9 「凄切」でとても物寂しいさま。「凄凄切切」と重ねることで意味を強調し、極めて物寂しいことを表す。

6

1 酌量
2 勃勃・勃々
3 氷人
4 湯池
5 卓説
6 延命
7 巧言
8 遺憾
9 虚虚・虚々
10 博覧

スキルアップ 練習2 6

3 「月下氷人」とは、婚姻の媒酌人をいう。
4 「金城湯池」とは、守りが堅固で攻めるのが難しい城をいう。他が侵害しにくい勢力範囲という意味でも使う。
7 「巧言令色」は、愛想のよいことを言ったり、顔色をつくろって、人にこびへつらうこと。「好言」「広言」などとしないこと。
9 「虚虚実実」とは、互いに計略や技の限りを尽くして戦うこと。

---

7 P.113

1 転倒
2 津津・津々
3 会釈
4 虎皮
5 隻語
6 唯一
7 孤城
8 南船
9 喜色
10 晴耕

スキルアップ 練習2 7

4 「羊質虎皮」とは、見掛け倒しで中身が伴わないことのたとえ。
5 「片言隻語」とは、僅かな言葉、ほんのひと言ふた言。
8 「孤城落日」は、零落して昔の勢いを失い、助けもなく心細いさま。
9 「南船北馬」とは、絶えず旅していること。似た四字熟語に絶えずあちこち走り回っている意味の「東奔西走」がある。

8

1 径行
2 壮語
3 豪傑
4 蛇尾
5 充棟
6 金科
7 放歌
8 千紫
9 浅学
10 論旨

スキルアップ 練習2 8

1 「直情径行」は、自分の思ったとおりに振る舞うこと。同じような意味の表現には「直言直行」がある。
3 「英俊豪傑」は、多くの中で特に優れた人物。「英俊」は人並みより秀でて優れていること。また、その人。
「汗牛充棟」は、蔵書が非常に多いことのたとえ。
6 「金科玉条」とは、自分の主張や立場などの絶対的なよりどころとなる教訓や信条のこと。
7 「放歌高吟」は、周囲を気にせず声高に詩歌を吟じること。
8 「千紅万紫」「万紫千紅」ともいう。「千」「万」は数の多いことを表す。

練習2

⑨ P.114
1. 羞月・c
2. 瓦鶏・e
3. 唯我・a
4. 気宇・d
5. 乱麻・b

スキルアップ
「羞月閉花」は、「閉月羞花」「羞花閉月」とも。
「気宇」は、心構え、心の広さのこと。
「快刀」は切れ味のよい刀、「乱麻」はもつれた麻の意。

⑩
1. 泰山・e
2. 兼行・a
3. 夢死・d
4. 堆金・b
5. 一紅・c

スキルアップ
「泰山」は中国の名山。「北斗」は北斗七星。どちらも誰もが仰ぎ見る存在であることから、第一人者の意を表す。略して「泰斗」ということも。

⑪ P.115
1. 異端・d
2. 錦上・c
3. 剛健・e
4. 与奪・b
5. 比翼・a

スキルアップ
「生殺与奪」とは、生かすも殺すも、与えるも奪うもすべて思いのままであるという意。
「比翼」は、「比翼の鳥」で、雌雄の二羽が翼を共有して常に一体となって飛ぶという想像上の鳥のこと。「連理」は、「連理の枝」で、根や幹は別だが、枝と枝が結合して一つになっているもの。男女の仲のよいことに例える。

⑫
1. 連衡・c
2. 蜜語・e
3. 流言・a
4. 五裂・b
5. 気炎・d

スキルアップ
1「従」は縦、「衡」は横の意。縦の同盟と横の同盟を表している。
2「蜜語」とは、男女の甘い語らいのこと。「密語」と書かないように注意。
3「流言」は根拠のないでたらめなうわさ。「飛語」は世間に飛び交う根拠のない話。

送りがな

▼本誌 P.122〜129

ウォーミングアップ P.122・123

1 ア
2 ア
3 イ
4 ア
5 イ
6 イ
7 イ
8 イ
9 ア
10 ア
11 イ
12 イ
13 イ
14 イ
15 イ
16 イ
17 ア
18 ア
19 イ
20 ア
21 イ
22 イ
23 イ
24 イ
25 ア

練習1 P.124・125

1 P.124

1 与える
2 諦める
3 併せる
4 襲う
5 滞る
6 偏る
7 薫る
8 妨げる
9 遮る
10 誘う
11 挑む
12 顧みる
13 稼ぐ
14 繕う
15 繕う

2 P.125

1 あざむく
2 ののしる
3 おこたる・なまける（順不同）
4 おもむく
5 つむぐ
6 ひそむ・もぐる（順不同）
7 こばむ
8 すずしい・すずむ（順不同）
9 すすめる
10 かんがみる
11 まかなう
12 ほめる
13 みがく
14 みにくい
15 ためる

練習2 P.126〜129

1 P.126・127

1 萎える
2 懇ろに
3 焦る
4 塞ぐ
5 狙う
6 若しくは
7 滴る
8 捉える
9 損ねる
10 埋もれ
11 駆ける
12 忍ばせる
13 更ける
14 忌まわしい
15 締める
16 妬む
17 紛らわしい
18 汚れ
19 兆し
20 慈しむ
21 葬る
22 狭まる
23 嘆かわしい
24 握る
25 淫（淫）らな
26 悼む
27 懐かしい
28 叱る
29 催す
30 瞬く
31 遡（遡）る
32 占める
33 綻びる
34 貪る
35 統べる
36 弄ぶ
37 装う
38 強いる
39 揺らぐ
40 秀でる
41 憩う
42 過ち
43 寂れ
44 契つ
45 卑しい
46 免れ
47 潤う
48 憎らしい
49 握る
50 虐げ

スキルアップ

練習2
1

2「懇ろだ」は、『送り仮名の付け方』通則1の例外により、活用語尾を送るという本則が適用されないので注意。

6 接続詞は最後の音節を送るというのが本則だが、『送り仮名の付け方』通則5の例外により「若しくは」と送る。

14 通則2の本則により、「忌まわしい」は活用語尾以外の部分に他の語「忌む」を含んでいるので「忌む」の送りがなのつけ方によって忌まわしい」と送る。

17「懐」は、「なつ—かしい」「なつ—く」という訓があるので注意。

27 動詞の「まぎらす」「まぎれる」が、「紛らす」「紛れる」と送ることから考える。

35「統べる」は下一段活用の動詞なので「べる」が活用語尾。

練習2 P.128・129

2
1 麗しい
2 潰れる
3 腫れる
4 抑え
5 偽っ
6 奉る
7 爽やかな
8 侮り
9 醸す
10 嘲〔嘲〕る
11 匂う
12 籠もる
13 脅かす
14 培わ
15 貢ぎ
16 憤り
17 芳しく
18 雇う
19 咳す
20 臭い
21 詣でる
22 及ぼす
23 陥る
24 恭しく
25 羨ましい
26 彩り
27 戯れ
28 痩せる
29 辱め
30 巡り
31 疎んじら
32 傍ら
33 漏らす
34 哀れむ
35 阻む
36 懲らしめ
37 潰ける
38 奏でる
39 浮かれ
40 倣う
41 担ぎ
42 衰え
43 翻し
44 畳む
45 染みる
46 籠む
47 溺〔溺〕れる
48 穏やかな
49 剥〔剥〕がれる
50 煩わしい

スキルアップ

1 語幹が「し」で終わる形容詞なので、最後の「し」から送るので、「麗しい」となる。

6 音節数は多いが、五段活用の動詞なので、最後の「る」が活用語尾。よって、「奉る」と送る。

30 通則2の本則により、「疎む」は、活用語尾以外の部分に他の語「疎む」を含んでいるので「疎んじる」の送りがなのつけ方によって「疎んじる」と送る。

32 「傍ら」は、通則3の例外によって、名詞は送りがなをつけないという本則が適用されないので注意。「誉れ」「勢い」「情け」なども同様に、名詞だが最後の音節を送る方法がある。

43 活用のある語から転じた名詞はもとの語の送りがなのつけ方によるので、「衰える」→「衰え」となる。

同音・同訓異字
▼本誌P.132～139

ウォーミングアップ P.132・133

1 P.132
1 エ
2 オ
3 ウ
4 ウ
5 ア
6 ウ
7 オ
8 ウ
9 エ
10 ウ
11 エ
12 ウ
13 ア
14 オ
15 ア
16 イ
17 ウ
18 オ
19 オ
20 ウ
21 オ

2 P.133
1 ア
2 ア
3 ウ
4 エ
5 エ
6 ア
7 ア
8 エ
9 イ
10 イ
11 ア
12 オ
13 ウ
14 エ
15 ウ
16 イ
17 オ
18 オ

練習1 P.134・135

1
1 症
2 礁
3 貼
4 嘲〔嘲〕
5 耗
6 盲
7 惜
8 威
9 戚
10 釜
11 鎌
12 籍
13 申
14 唇
15 診
16 娠
17 徐
18 除
19 苛
20 寡
21 籠
22 騰
23 透
24 弄
25 藤
26 搭
27 汁
28 充
29 柄
30 蔽〔蔽〕
31 幣
32 弊
33 帥
34 遂
35 羨
36 煎〔煎〕
37 献
38 魂
39 懇
40 痕
41 恋
42 撃
43 諳
44 憤
45 粉
46 拳
47 鍵

練習2 P.136〜139

1 P.136

1 顧　2 省　3 鎮　4 沈　5 占　6 締　7 済　8 澄
9 諮　10 図　11 映　12 栄　13 噴　14 拭　15 割　16 裂
17 荒　18 粗　19 履　20 吐　21 押　22 推　23 乾　24 渇

練習2 ① スキルアップ

1・2 ・回顧する場合は「顧みる」、反省する場合は「省みる」。
3 文脈から「鎮圧」という熟語を連想して考えるとよい。
11 他のものとの関係で一段と美しく見えることをいうのは「映える」。
12「栄え」は、光栄、名誉。
21「横車を押す」は、道理に合わないことを無理に押し通すこと。

2 P.137

1 戯　2 欺　3 偽　4 傘下　5 惨禍　6 賛歌　7 請願　8 誓願
9 法曹　10 包装　11 局地　12 極致　13 侵入　14 新入　15 信仰　16 振興
17 深更　18 新興　19 羞恥　20 周知　21 謁見　22 越権　23 究明　24 糾明

練習2 ② スキルアップ

7「請願」は、書類を出して希望を願い出ること。
8「誓願」は、神仏に誓い願うこと。
9「法曹」は、法律事務に従事する者をいう。
17「深更」は、夜中、夜更けの意。
20「衆知」（多くの人の知恵）と誤らないように注意。
21「謁見」は、身分の高い人に会うこと。
24 罪・不正などを問い正し、明らかにすることを「糾明」という。

3 P.138・139

1 対称　2 対照　3 対象　4 教授　5 享受　6 渉外　7 障害　8 謹
9 慎　10 懸　11 賭（賭）　12 咽喉　13 淫（淫）行　14 縦隊　15 渋滞　16 店舗
17 填（填）補　18 患　19 煩　20 接　21 気迫　22 希薄　23 強硬　24 尋　25 訪
26 旋律　27 戦慄　28 絶　29 裁　30 領有　31 両雄　32 普請　33 不審　34 喚起
35 換気　36 概観　37 外患　38 更新　39 交信　40 後進　41 誇示　42 固辞
43 彫　44 掘　45 累進　46 墨審　47 摂取　48 窃取　49 尋　50 訪
51 臭　52 匂

練習2 ③ スキルアップ

6「渉外」は、団体や組織で、外部に対して連絡や交渉をすることをいう。
17「填補」は「補填」と同意。また、切れているものをつなぎ合わせる意では、「接ぐ」を用いる。
20「喚起」は、呼び起こすこと。
34「概観」は、ある物事の全体をざっと見わたすこと。また、だいたいの様子。
42「固辞」は、かたく辞退すること。
45「累進」は、地位などが次々上に進むこと、または数量の増加につれて、それに対する比率が増すことをいう。
48「窃取」は、こっそりと盗み取ること。
51・52「臭う」は悪臭に、「匂う」は芳香に使用する。

書き取り

▼本誌P.142〜161

ウォーミングアップ P.142・143

1 P.142
1. 飢・飢餓
2. 併・合併
3. 瓦・瓦解
4. 牙[牙]・毒牙[牙]
5. 湧・湧出
6. 捜・捜査
7. 遮・遮断
8. 貢・貢献
9. 股・股間

2 P.143
1. 論
2. 泣
3. 髪
4. 淫[淫]
5. 遷
6. 致
7. 麓
8. 且
9. 紡
10. 融
11. 眉
12. 釣
13. 弾
14. 坪
15. 累
16. 瞳
17. 仲
18. 窯
19. 脅
20. 面
21. 秩
22. 閥

練習1 P.144〜151

1 P.144・145
1. 糧
2. 拒否
3. 生涯
4. 苦慮
5. 欺
6. 麻
7. 溝
8. 眺望
9. 横綱
10. 繭
11. 挨拶
12. 培
13. 情緒
14. 漬
15. 長唄
16. 侮
17. 慄然
18. 繊細
19. 水槽
20. 蛍狩
21. 利益
22. 渋
23. 実践
24. 砂嵐
25. 矛先
26. 歯牙[牙]
27. 誇
28. 賄
29. 貫徹
30. 色艶
31. 老若
32. 尼僧
33. 隅
34. 斬新
35. 挑戦
36. 循環
37. 幻
38. 哲学
39. 匿名
40. 風呂
41. 冥福
42. 脚韻
43. 岐阜
44. 爪先
45. 実
46. 疎

2 P.146・147
1. 顕著
2. 畏怖
3. 汚
4. 椅子
5. 障
6. 一矢
7. 解熱
8. 洞察
9. 押印
10. 柿
11. 渋面
12. 韓国語
13. 戯
14. 惨敗
15. 呪縛
16. 形骸化
17. 定
18. 奥義・奥儀
19. 褒美
20. 更迭
21. 膝枕
22. 訃報
23. 妬
24. 風鈴
25. 辛抱
26. 泥土
27. 懲
28. 間隙
29. 疫病神
30. 醜
31. 蚊
32. 桟橋
33. 建立
34. 崖下
35. 旨
36. 災
37. 枠内
38. 弔問
39. 石臼
40. 餌[餌]
41. 唾
42. 麺類
43. 厄介
44. 喪
45. 緒
46. 基

3 P.148・149
1. 渓流
2. 虎穴
3. 靴
4. 嗅[嗅]
5. 堀
6. 戻
7. 脇腹
8. 塚
9. 進捗[捗]
10. 邸宅
11. 賭[賭]場
12. 逝去
13. 天井
14. 箸[箸]
15. 囲碁
16. 岬
17. 蔑視
18. 柳
19. 惨
20. 闇夜
21. 陳謝
22. 矯正
23. 息災
24. 名刹
25. 悟
26. 撤去
27. 明瞭
28. 萎縮・委縮
29. 下弦
30. 肌身
31. 端
32. 誘
33. 氾濫・汎濫
34. 哺乳瓶
35. 比喩[喩]
36. 募
37. 貝殻
38. 酷似
39. 繕
40. 慶事
41. 幻滅
42. 履修
43. 福岡
44. 蓋
45. 癖
46. 亀

4 P.150・151

1 顎
2 頭巾
3 扶養
4 郷愁
5 梨
6 袖
7 哀心
8 賄賂
9 千羽鶴
10 瞳孔
11 犠牲
12 失踪
13 曖昧
14 整頓
15 陶冶
16 精緻
17 湧水
18 汎用
19 象牙〔牙〕
20 殉死
21 掃
22 藻
23 焦眉
24 蜂起

25 船舶
26 近郊
27 謎〔謎〕
28 凶刃
29 遮音
30 貪欲
31 栃木
32 補塡〔填〕
33 啓発
34 山麓
35 変貌
36 凄絶
37 芯
38 必須
39 旺盛
40 縄
41 諦念
42 焼酎
43 楷書
44 妖艶
45 京阪
46 寛容

練習2 P.152～161

1 P.152・153

1 炊事
2 懸念
3 門扉
4 分析
5 僅〔僅〕差
6 均衡
7 偵察
8 銘柄
9 鍋
10 斑点
11 診断
12 涼
13 肖像
14 頰〔頬〕張
15 廃
16 肥沃
17 雪辱
18 蜜蜂
19 妥当
20 払底
21 懇切
22 漸次
23 据
24 俺
25 唾液

26 虹色
27 肘掛
28 眼
29 和睦
30 猛者
31 拉致
32 息吹
33 圧搾
34 稽〔稽〕古
35 陥
36 暫時
37 虐
38 罷免
39 賢察
40 外科
41 臆病・憶病
42 危惧〔惧〕
43 罵倒
44 命乞
45 批准
46 堆積
47 捻出
48 剝〔剥〕製
49 主催
50 棟上

スキルアップ 練習2 1

2 「懸念」は、気にかかって心配に思うこと。

5 僅かの差を表す「僅差」は「近差」と誤らないように。

6 「均衡」は、バランス、つりあい。

16 「肥沃」の「沃」には土地が肥えるという「肥」と同じような字義がある。

21 「漸次」は、次第に、だんだんのように注意。36の「暫時」と混同しないように。

39 「賢察」は、相手に推察することを敬っていう言葉。

42 「批准」は、条約を国家が最終的に承認することや、その手続きをいう。

46 「堆積」は、積み重なること。同音異義語の「滞積」は、荷物や問題などが滞ってたまる限定的な意味を表すので、書き分けに注意。

練習2

2 P.154・155

1 思索
2 愚
3 愉快
4 胸襟
5 譲
6 迅速
7 応酬
8 隠蔽〔蔽〕
9 潤沢
10 双璧
11 治癒
12 浄財
13 勃興
14 洗濯
15 沸
16 俊敏
17 弥生
18 家畜
19 披露
20 辣腕
21 凝
22 償還
23 戸棚
24 携帯
25 悠長
26 払拭
27 鍵穴
28 勾配
29 鉄柵
30 腫瘍
31 音沙汰
32 痩身
33 恨
34 秘
35 餅〔餅〕
36 賜
37 砕
38 三昧
39 磨
40 熟
41 藍色
42 兵糧
43 悪寒
44 秀
45 歳暮
46 採譜
47 疎通
48 洞窟
49 目尻
50 翻

スキルアップ 練習2-2

4 「胸襟」は、心の中。「胸襟を開く」で、打ちとけて心中を打ち明ける。
19 「披露」の「披」は同音類字の「被」と書かないように注意。
20 「辣腕」は、物事を的確に処理する能力があること。
22 「償還」は、借金・負債を返却すること。
25 「悠長」は、ゆうゆうとしている様子、のんびりと落ち着いている様子。
28 「勾配」は、傾きの度合いのこと。「勾」を「句」と書かないように注意。
42 敵の食糧補給路を断って戦闘力を弱める攻め方が「兵糧攻め」。
46 「採譜」は、民謡などのメロディーを楽譜に書き取ること。
48 「洞窟」の「窟」は同音類字の「掘」「屈」と書かないように注意。

3 P.156・157

1 漆黒
2 奈落・那落
3 承
4 助太刀
5 犬猿
6 俳諧師
7 浦里
8 遺憾
9 草履
10 謹慎
11 喪失
12 僧侶
13 傲慢
14 苛烈
15 頭蓋骨
16 毀損
17 歌舞伎
18 頃合
19 遊説
20 腰痛
21 裾野
22 読経
23 穏和・温和
24 旦那芸
25 語彙
26 首肯
27 断崖
28 阻
29 市井
30 威嚇
31 参詣
32 覚醒
33 破綻
34 桟敷
35 施工
36 制覇
37 賠償
38 峡谷
39 甚大
40 余剰
41 相殺
42 茨城
43 絡
44 担
45 審理
46 一斉
47 隙
48 謀
49 挫折
50 咳

スキルアップ 練習2-3

2 「奈落・那落」は、地獄のこと。どん底を表す場合もある。
7 「浦里」は、海の近くにある集落、漁村のこと。「裏里」などとしない。
8 「遺憾」は、心残りがして不本意なこと。「遺憾なく」で、心残りなく、十分に、の意。
14 「苛烈」は、厳しく激しいさま。類義語に「激烈」「猛烈」がある。
24 「旦那芸」は、商家の主人がなぐさみに覚えた芸事。
26 「首肯」は、もっともだと認め賛同すること。
29 井戸の近くには人が集まり、市が立ったことから「市井」は、人や家が集まる場所を表す。
35 「施工」は「しこう」とも読み、工事を行うこと。

4 P.158・159

1 鍛擦
2 叙勲
3 前立腺
4 雰囲気
5 溺〔溺〕死
6 駒
7 憤
8 安閑
9 懐
10 偏見
11 督促
12 潰瘍
13 傲
14 誰
15 定款
16 芳
17 兆
18 咽喉
19 勘当
20 便宜
21 奔走
22 玄人
23 擬音
24 捕捉
25 渇望
26 采配
27 叙勲
28 前立腺
29 雰囲気
30 便箋〔箋〕
31 開眼
32 忌
33 虚空
34 淫〔淫〕欲
35 由緒
36 双肩
37 忘却
38 浴衣
39 通暁
40 渦中
41 才媛
42 竜巻
43 和尚
44 謙遜〔遜〕
45 狙撃
46 憧憬
47 叱責
48 喉元
49 虎
50 玩具

スキルアップ 練習2 ①

8「安閑」は、何もせずにのんきにしている様子。安らかで静かな様子。

12「潰瘍」は、皮膚・粘膜が炎症などで傷つき欠損した状態。「瘍」には「できもの」の字義がある。

15「定款」は、会社や公益法人などの、組織や目的、業務内容に関する基本的な規則、その文書のこと。

24「擬音」の「擬」を同音類字の「疑」、異音類字の「凝」と書かないように注意。

27「叙勲」は、功績・功労のあった人に勲等を授け、勲章を与えること。

36「双肩」は、左右の肩のこと。比喩的に責任や任務を担う身の意味にも使う。

46「憧憬」は「どうけい」とも読む。

48「喉」の「侯」の部分を「候」と書かないように。

5 P.160・161

1 葛〔葛〕藤
2 舷側
3 脳梗塞
4 鹿
5 一蹴
6 膳
7 橋桁
8 幽囚
9 怨念
10 亀裂
11 錦
12 熊
13 崇拝
14 洞穴
15 久遠
16 総括
17 疲弊
18 江
19 曽祖父
20 所詮〔詮〕
21 埼玉
22 嫉妬
23 禁錮刑
24 拳
25 憂鬱
26 崩落
27 会釈
28 放免
29 拒
30 覆
31 酌
32 薫陶
33 柔軟
34 畿内
35 内股
36 戴冠式
37 浄瑠璃
38 腎臓
39 串焼
40 顎関節
41 詠
42 過
43 帰依
44 慈
45 数珠
46 窮状
47 礎
48 富貴
49 寄席
50 拳

スキルアップ 練習2 ⑤

2「舷側」とは、船体の側面。

17「総括」は、個々のものを全体を見通してまとめること。

18「疲弊」は、心身が疲れて弱くなること。経済状態などが悪化し活力がなくなることにも使う。

27「崩落」は、崩れ落ちることのほかに、相場が急に下落することもいう。

32「薫陶」は、優れた人格をもって人を感化すること。

44「帰依」は、仏の教えを信じ、すがること。

49「富貴」は、金持ちで地位も高いこと。

書き取り 誤字訂正

▼本誌P.162〜171

ウォーミングアップ P.162・163

① P.162
1 ア
2 ア
3 ア
4 イ
5 ア
6 ア
7 イ
8 イ
9 ア
10 ア
11 ア

② P.163
1 複・復
2 共・享
3 選・染
4 殴・欧
5 廊・楼
6 擬・疑
7 基・軌
8 諸・緒
9 粧・装
10 職・飾
11 剤・済
12 参・傘
13 当・宛
14 缶・乾
15 帯・滞
16 線・遷
17 堕・惰
18 意・彙
19 策・索
20 骸・蓋

練習1 P.164〜167

① P.164・165
1 因・姻
2 亭・廷
3 詰・喫
4 徴・懲
5 幾・畿
6 間・閑
7 信・讖
8 講・購
9 賞・奨
10 予・余
11 債・偽
12 疑・催
13 徐・除
14 墾・懇
15 隆・立
16 偉・異
17 優・悠
18 礁・焦
19 滋・慈
20 弱・寂
21 粉・紛
22 名・銘
23 重・面
24 禁・菌
25 差・詐
26 付・赴
27 径・経
28 裁・栽
29 撤・徹
30 清・請
31 激・撃
32 穣・醸
33 察・擦
34 虜・履
35 理・端
36 義・儀
37 脳・悩
38 勲・薫
39 好・恒
40 検・顕
41 気・機
42 好・弦
43 準・准
44 玄・弦
45 功・貢
46 誘・融

② P.166・167
1 陰・隠
2 勇・有
3 換・緩
4 率・律
5 壮・荘
6 並・併
7 意・遺
8 変・偏
9 交・好
10 生・性
11 魂・根
12 堅・健
13 暁・騰
14 環・還
15 神・森
16 邸・亭
17 官・冠
18 愛・哀
19 健・堅
20 偉・威
21 惰・駄
22 句・口
23 訟・証
24 速・促
25 荷・架
26 伏・服
27 豊・芳
28 盲・妄
29 半・伴
30 上・生
31 銘・明
32 化・嫁
33 勤・努
34 戦・選
35 鎮・沈
36 包・抱
37 尽・甚
38 方・法
39 補・舗
40 不・付（附）
41 提・呈
42 単・端
43 廃・敗
44 輩・排
45 型・潟

練習2 P.168〜171

❶ P.168・169

1 放・傲
2 技・戯
3 肖・祥
4 有・裕
5 急・糾
6 閉・締
7 則・即
8 点・天
9 慢・漫
10 範・凡
11 奮・震
12 走・争
13 交・混
14 誤・過
15 応・旺
16 査・差
17 危・亀
18 受・請
19 景・詣
20 談・断
21 捜・踪
22 愉・喩〔喩〕
23 意・慰
24 触・障
25 体・袋
26 添・沿
27 養・擁
28 賞・彰
29 派・把
30 揭・携
31 悠・猶
32 否・秘
33 豊・宝
34 憂・幽
35 接・設

スキルアップ 練習2-1

2「遊戯」遊びたわむれることには「遊戯」を用いる。「遊技」は遊びとして行う技のこと。特に、景品がかかったりして行う技や勝負事。

7「則る」「凡例」は、ある事柄を基準としてそれに従うこと。(例)「法に則する」。

10「凡例」は、書物の初めに編集方針やその使い方などを書いた文章のこと。

16「輪禍」は、電車・自動車・オートバイなどによる交通事故の災難のこと。

23「弔慰金」は、死者を弔い遺族を慰める気持ちを込めて、遺族に贈るお金のこと。

32「黙秘」は、何も言わないで黙っていること。「黙秘権」は、取り調べなどで自分に不利な供述を強制されない権利。

❷ P.170・171

1 唯・維
2 掃・捜
3 異・違
4 覧・欄
5 ○
6 勢・斉
7 歳・載
8 彩・栽
9 窮・糾
10 冒・暴
11 ○
12 前・漸
13 行・衡
14 乗・剰
15 需・受
16 習・倣
17 譲・壊
18 疑・議
19 ○
20 計・諮
21 広・公
22 折・切
23 相・双
24 路・賂
25 面・綿
26 痛・悼
27 互・誤
28 委・依
29 創・挿
30 ○
31 掘・彫
32 泉・栓
33 破・覇
34 登・搭
35 頂・眺

スキルアップ 練習2-2

6 大勢がそろって同時に行うことには「一斉」を用いる。

16 ある物事を手本としてまねることは「倣う」を用いる。

20「はかる」の使い分けに注意する。「計る」は、主に数を数えたり、時間についての数値を得る時に使う。「諮る」は、専門家や他の人の意見を聞く、という意味。

26「いた-む」の使い分けに注意する。「悼む」は、人の死を悲しみ、嘆くこと。「痛む」は、病気やけがによって、体に痛みを感じること。また「傷む」は傷ついたり破損したりすること。

実力完成問題 第1回
▼本誌 P.172〜177

一
1 ふじょ
2 いんせき
3 せんべい
4 こうばく
5 なんど
6 きひん
7 みぞう
8 まめつ
9 わかだんな
10 ていさつ
11 まんべん
12 しゅういつ
13 さいやく
14 ようえん
15 こさつ
16 ばいかい
17 しゅくぜん
18 こうずか
19 くんとう
20 てぬぐ
21 つちか
22 むね
23 しりご
24 は
25 わずら
26 はちみつ
27 きわだ
28 ひめ
29 かなめ
30 そそのか

二
1 氵
2 口
3 月
4 至
5 ―
6 木
7 大
8 車
9 儿
10 頁

三
1 ア
2 イ
3 イ
4 ウ
5 ウ
6 ウ
7 オ
8 エ
9 ア
10 エ

四
問1
1 定衰
2 必衰
3 東奔
4 還郷
5 堅固
6 翼翼・翼々
7 流転
8 唯唯・唯々
9 馬耳
10 衝天

問2
11 ク
12 ア
13 オ
14 キ
15 エ

五
1 献上
2 凡庸
3 蛇行
4 閉鎖
5 憂鬱
6 反目
7 高慢
8 廉価
9 傾斜
10 精励

六
1 資格
2 刺客
3 添
4 沿
5 避
6 周忌
7 臭気
8 裂
9 傷
10 悼

七
1 募・模
2 的・適
3 待・滞
4 諸・庶
5 潜・染

八
1 侮っ
2 促す
3 惜しく
4 僅〔謹〕かな
5 辱める

九
1 炎症
2 贈呈
3 遺恨
4 懐疑
5 押収
6 釈明
7 渓谷
8 透徹
9 花瓶
10 該当
11 稚児
12 血痕
13 奨励
14 出藍
15 殴
16 牙〔牙〕
17 鶏
18 削
19 常夏
20 装
21 血眼
22 眉唾物
23 渦巻
24 履
25 飢

実力完成問題 第2回

▼本誌P.178〜183

一
1 いんとうえん
2 はんかん
3 けんじ
4 しょうがん
5 きょうきん
6 ふきん
7 ぞうすい
8 せんかい
9 こっきしん
10 ほんりゅう
11 しゅくん
12 だらく
13 へいこう
14 じんりん
15 しゅんさい
16 たいひ
17 かっすい
18 あくへい
19 かんめん
20 ゆうやみ
21 はなお
22 ほう
23 いばらき
24 きざ
25 あわ
26 いさぎよ
27 なつ
28 ひじ
29 ほおば
30 たぐ

二
1 カ 2 木 3 宀 4 心 5 目 6 阜 7 歹 8 貝 9 攵 10 走

三
1 ア 2 オ 3 エ 4 ウ 5 ウ 6 イ 7 ウ 8 ア 9 イ 10 エ

四 問1
1 滅却 2 滑脱 3 一徹 4 千載 5 危急 6 曖昧 7 愚慮 8 熟慮 9 暮四 10 即妙

※ 右から:10 表裏 9 即妙 8 暮四 7 熟慮 6 愚慮 5 危急 4 千載 3 一徹 2 滑脱 1 滅却

四 問2
11 ク 12 エ 13 ケ 14 イ 15 キ

五
1 享楽 2 寡黙 3 途絶 4 挿入 5 危惧〔惧〕 6 無窮 7 井筒 8 追憶 9 披露 10 厄介

六
1 既得 2 危篤 3 伯仲 4 白昼 5 抱擁 6 包容 7 転嫁 8 添加 9 盛 10 漏

七
1 憤・紛 2 踏・到 3 近・緊 4 周・羞 5 巧・効

八
1 励まし 2 憧れる 3 飽きる 4 汚らわしい 5 企てる

九
1 傘下 2 融通 3 審議 4 還暦 5 謄本 6 雇用 7 韻律 8 過剰 9 苦衷 10 推奨 11 親戚 12 脊椎 13 覇気 14 普請 15 縫 16 瓦 17 罵 18 奏 19 乏 20 殻 21 駆 22 剣 23 神酒 24 枕 25 筒抜